朱熹张栻往来书信疏证与研究

汤元宋 著

北京大学出版社
PEKING UNIVERSITY PRESS

图书在版编目(CIP)数据

朱熹张栻往来书信疏证与研究 / 汤元宋著. —北京：北京大学出版社，2024.4

ISBN 978-7-301-35084-3

Ⅰ.①朱… Ⅱ.①汤… Ⅲ.①朱熹（1130–1200）–哲学思想–研究②张栻（1133–1180）–哲学思想–研究 Ⅳ.①B244.75②B244.995

中国国家版本馆CIP数据核字（2024）第103784号

本成果受到中国人民大学中央高校建设世界一流大学（学科）和特色发展引导专项资金支持。

书 名	朱熹张栻往来书信疏证与研究
	ZHUXI ZHANGSHI WANGLAI SHUXIN SHUZHENG YU YANJIU
著作责任者	汤元宋 著
责任编辑	武 芳
标准书号	ISBN 978-7-301-35084-3
出版发行	北京大学出版社
地 址	北京市海淀区成府路205号 100871
网 址	http://www.pup.cn 新浪微博:@北京大学出版社
电子邮箱	编辑部 dj@pup.cn 总编室 zpup@pup.cn
电 话	邮购部010–62752015 发行部010–62750672
	编辑部010–62756449
印 刷 者	北京中科印刷有限公司
经 销 者	新华书店
	650mm×980mm 16开本 16.25印张 182千字
	2024年5月第1版 2025年6月第2次印刷
定 价	88.00元

目　录

说明与凡例　　　　　　　　　　　　　　　　　　　/ 1

隆兴二年—乾道元年（1164—1165）　　　　　　　/ 1
　　Z1（别纸）（侯子论语）　　　　　　　　　　　/ 1
　　S17（复和仇虏）　　　　　　　　　　　　　　/ 4

乾道二年（1166）　　论中和旧说　　　　　　　　/ 13
　　Z3（人自有生）　　　　　　　　　　　　　　/ 13
　　Z4（前书所扣）　　　　　　　　　　　　　　/ 28
　　Z34（诲谕曲折数条）　　　　　　　　　　　　/ 35
　　Z35（前书所禀寂然未发之旨）　　　　　　　　/ 43

乾道二年—乾道三年（1166—1167）　　论程集修订
　　　　　　　　　　　　　　　　　　　　　　　/ 51
　　Z6（不先天而开人）　　　　　　　　　　　　/ 51
　　Z7（别纸）（称任固未安）　　　　　　　　　/ 55

Z5（昨见共父家问） / 57

S15（辱示书） / 60

Z8（论程集改字二十七日别纸）（伏蒙垂谕向论
程集之误） / 64

S16（共甫之召） / 70

S14（共父相处二年） / 73

乾道四年（1168）　论祭礼及其他 / **76**

S3（示以所定祭礼） / 76

Z9（祭说辨订精审） / 80

Z10（所示彪丈书） / 83

乾道五年（1169）　中和新说及其他 / **89**

Z49（诸说例蒙印可） / 89

Z2（蒙示及答胡彪二书） / 98

Za（昨所惠吴才老诸书） / 100

乾道六年（1170）　使金求陵寝地事及义理杂说

/ **103**

Z11（春秋正朔事） / 103

S33（某黾勉为州） / 104

Z12（窃承政成事简） / 106

Zb（垂谕曲折） / 109

Zc（今日既为此举） / 115

Zd（奏草已得） / 118

Z13（示喻黄公洒落之语） / 121

S34（某出入省户） / 124

Z14（伯恭想时时相见） / 125

S35（日自省中归） / 128

S36（祈请竟出疆） / 129

S38（西铭之论甚精） / 131

S39（某迩来思虑） / 133

Z15（建阳一二士人归自临安） / 134

S37（某出入省户日愧亡补） / 135

乾道七年（1171） 论张栻临安出处 / **139**

S40（某备数于此） / 139

Ze（昨陈明仲转致手书） / 141

S41（某十三日被命出守） / 145

S65（某自附陈明仲书后） / 146

乾道八年（1172） 论观过知仁、中说、

《中庸章句》初稿 / **148**

S28（知言疑义反复甚详） / 148

Z16（类聚孔孟言仁处） / 150

S4（近伯逢方送所论观过之说来） / 154

Z17（大抵观过知仁之说） / 157

S29（比闻刊小书版以自助） / 158

Z18（细看言仁序云） / 160

Z19（中字之说甚善） / 162

S5（中字之说甚密） / 165

S6（天命之谓性） / 166

S7（示及中庸首章解义） / 168

Z21（所引家语） / 171

S13（来书披玩再四） / 172

乾道九年（1173）　仁说之辩 / 176

Z43（论仁说）（天地以生物为心） / 176

S21（某幸粗安） / 181

Z44（又论仁说）（昨承开谕仁说之病） / 184

S9（仁之说） / 187

Z45（又论仁说）（熹再读别纸所示三条） / 191

Z46（又论仁说）（来教云） / 195

S10（观所与广仲书） / 197

Z47（答钦夫仁疑问）（仁而不佞章） / 198

S12（某幸粗安） / 203

Z48（答钦夫仁说）（仁说明白简当） / 205

淳熙元年（1174）　心说之辩及其他 / 208

Z36（心具众理） / 208

Z37（熹谓感于物者心也） / 210

Z38（遗书有言） / 212

S1（示及诸君操舍出入之说） ／ 214

Z39（熹谓存亡出入固人心也） ／ 217

Z40（人心私欲之说） ／ 218

S31（某食饮起居皆幸已复旧） ／ 220

S56（游掾后来曾相见否） ／ 223

S8（按固陵录） ／ 224

淳熙二年（1175）后　张栻赴任静江府后事 ／ **226**

S42（某黾勉南来） ／ 226

S45（某黾勉所职） ／ 227

S43（某守藩倏八阅朔矣） ／ 230

Z28（熹穷居如昨） ／ 233

S30（晦叔留此旬余） ／ 236

Z33（诸谕一一具悉） ／ 239

参考文献 ／ **243**

说明与凡例

　　朱熹研究是宋明理学研究的重镇。在朱熹研究中，书信材料占据重要位置；而在超过 2000 通的朱熹书信中，朱熹与张栻的往来书信又具有特殊的学术价值。

　　朱熹、张栻往来书信，在数量和内容两方面，于宋代理学家书信中都极为突出。在数量方面，虽然朱熹和许多学者有书信往来、甚至论辩，如朱陆无极太极之辩、朱陈王霸义利之辩，但留存至今的，朱熹致陆九渊的书信仅 6 通，致陈亮的也不过 16 通；而朱熹致张栻的书信则多达 54 通，张栻致朱熹的书信也有 74 通。① 在内容方面，朱熹、张栻往来书信，关系到南宋闽学和湖湘学两大

---

① 当然，具体书信数量学界或有不同看法。如张栻致朱熹第三十书（晦叔留此旬余），或有学者认为可能是两封相隔数年的书信误编在一处。又如《张栻集》中，张栻致朱熹书信，多位于卷二○至卷二五这六卷中，但在卷三○"答问"中，另有一通与朱熹问答体例的"书信"。严格来说，这一"问答"体例的文字并非书信，而多是宋人通书时所附"别纸"中的一种类型。而在朱子文集中，与张栻的此类问答，则径直被收入朱熹与张栻问学书信所在的卷三○至卷三二中，不再另行区分书信与所附问答。同时，朱子文集的编纂体例，将"时事出处"和"往来问学"两种类型的书信区别对待，而朱熹致张栻书信中，另有五通非常重要的讨论"时事出处"的书信，被单独置于卷二四、卷二五中。

理学学派间的碰撞，也关系到朱熹学术生涯中最具转折意义的"中和新旧说"的形成。可以说，朱熹最终建构出致广大而尽精微的思想体系，并集北宋理学之大成而成为南宋理学最具代表性的学者，与他和张栻之间的切磋论辩密不可分。

正由于此，学界对于朱熹书信，在系年和义理两方面，都有长期和深入的研究。系年方面，在清人研究的基础上，陈来《朱子书信编年考证》（1989、2007）、束景南《朱熹年谱长编》（2001、2014），可谓朱熹书信研究最重要的成果，在今后相当长的时间内，对于朱子学研究都有着基础性的价值。近年来，顾宏义《朱熹师友门人往还书札汇编》（2017）和郭齐、尹波《朱熹文集编年评注》（2019），也对相关内容有所增补。而杨世文《张栻朱熹书信编年考证》（2015）和任仁仁、顾宏义《张栻师友门人往还书札汇编》（2018）则对张栻书信的系年多有探讨。系年之外，学者对于朱熹、张栻往来书信中的义理也有深入的研究。朱子学领域最具代表性的著作，如牟宗三《心体与性体》、刘述先《朱子哲学思想的发展与完成》以及陈来《朱子哲学研究》等，在分析朱熹义理时，颇多篇幅都是围绕朱熹、张栻往来书信。某种意义上，牟宗三先生《心体与性体》专论朱熹的下册，逾半篇幅就是对朱熹、张栻往来书信的疏证与研究。

但朱熹、张栻往来书信研究，仍然有可推进之处。以研究最为成熟的系年而言，虽然学者对于多数书信都有较为一致的看法，但也有一部分关键书信未能达成共识，或者学界以为是定论的关键书信也有重新商榷的余地。对于朱熹、张栻往来书信中的义理，学界已有深入研究，但是鉴于理学研究的特质，往往各家自有说法，就理学研究而言，不易也不宜勉强折中。然而，对于非持特定理学观念的读者、研究者而言，在理解书信本义方面就造成了相当的门槛。如牟宗三对于朱熹、张栻往来书信的研究，无疑是最具里程碑意义的研究典范，但牟宗三的诠释对于许多读者而言，颇难把握和利用。另外，朱熹、张栻往来书信中还有义理之外的诸多内容，如涉及朱熹等理学家对于政治的看法、理学家的人际网络等，在过往的理学史研究中，往往有所忽略。

在东亚三国中，韩日对于朱熹文献的整理，与中国大陆颇有不同的取向。如朝鲜性理学自李退溪开始，便致力于对朱熹文献的二次整理和疏证。仅《朱子文集》，就有上百种注疏本，其中栗谷一系学者如宋时烈《朱子大全劄疑》、金昌协《朱子大全劄疑问目》、金迈淳《朱子大全劄疑问目标补》，便是几代学者接力完成，并最终由李恒老《朱子大全劄疑辑补》集数百年朝鲜朱子文献整理之大成。《朱子大全劄疑辑补》完稿后，百年来一直以手稿形式存在，至20世纪80年代，方才影印出版。近年来，日本学界在译注朱熹文献时多有利用，而中国大陆罕有学者留意到此书的价值。①

日本学界一直有译注朱熹文献的传统。过去几十年，更是以共同读书班的方式，致力于对朱熹的诗歌、文集、语类做通盘的译注。几十年来分卷出版的《〈朱子语类〉译注》和《朱子绝句全译注》以及一部分单独发表的《朱子文集》的译注，尤其值得借鉴。

---

① 郭齐、尹波编撰的《朱熹文集编年评注》留意到《朱子大全劄疑辑补》，但限于体例较少采用。据悉，湖南大学岳麓书院殷慧教授已初步完成此书的整理工作。

由于"译注"体例的特殊要求，日本学界更注重对文本做全面而直接的译注。

相较而言，中国学者由于母语优势，不需要如日韩学者一样，解决文本译注方面的问题，可以更多地将精力直接投入到相关议题的研究中。但如果缺乏对于文本全面、准确、精细的理解，研究也容易出现偏差，甚至根本性的硬伤。近年来，中国学者虽有如田丰所撰《朱陈王霸之辨义疏》（2019），但整体而言，致力于朱熹书信"义疏""疏证""笺注"等基础性工作的研究者和论著，尚逊色于日韩学界。这也是本书致力于以"疏证"这一较为朴素的方式处理朱熹、张栻往来书信的原因之一。若比较日韩学者对于朱熹文献的基础整理工作，大体而言，日本学界因"译注"体例的原因，更注重文本的直译、用典的说明，较少处理义理，而历史上的朝鲜性理学者则两方面都有侧重。就本书而言，作为中国学者，自然也会处理相当多的义理问题，这也是本书"研究"之名的用意所在。

关于本书体例，说明如下：

一，为建立学界对于朱熹、张栻往来书信，乃至今后朱熹书信整体研究的统一标识，本书将朱熹致张栻书信，统一简称为 Z，其中第一通书信，则为 Z1，依次类推；而将张栻致朱熹书信，统一简称为 S，同理，第一通书信则为 S1，依次类推。编号之外，另取书信正文起首文字为标识，以便读者覆核；若书信原题自带相关重要信息，亦一并纳入，分置不同括号内。因为本书频繁对比各书信之间的联系，有此编号可供清晰识别，行文中对于这些往来书信，不再另行标注相关卷次、页码等出处信息。

对于朱熹、张栻书信的编号，本书在尊重学界已有不成文规则的前提下，稍作调整。学界对于朱熹致张栻的一部分书信，已有较为默契的标识编号。如朱熹与张栻论学书信，位于《朱子文集》卷三〇至卷三二，其中如朱熹"中和旧说"中关键性的"人自有生四书"，分别位于卷三〇和卷三二。学者多会打破卷次限制，直接称此四封书信为朱熹致张栻第三、第四、第三十四和第三十五书。但实际上，在《朱子文集》卷二四、卷二五，还有五通朱熹致张栻书信。因此，本书将朱熹与张栻往来问学书信，以Z加阿拉伯数字进行编号，而将朱熹与张栻讨论时事出处的五通书信，以Z加英文小写字母进行编号，即Za至Ze。

二，作为中国学者的疏证与研究，本书的着重点与韩日学者稍有不同。如对于较为常见、具备一般文史知识的母语读者即可理解的文言、出典，本书不再加以说明。相较于先秦经典的出注，本书更侧重解释对于朱熹、张栻而言的理学史内部的渊源。本书并不致力于完全吸收韩日朱熹文献整理工作的成果，这既超出了本人的能力，当下而言也无此必要，如韩国学者对于义理的某些诠释，与朝鲜性理学史内部的论辩相关，而与朱熹文献的本义稍有距离。中、韩、日对于朱熹文献整理，各有不同的需求，因此使用者若想在东亚儒学的视域下对朱熹文献有更为综合、多元的把握，仍然需要将中、日、韩三国文献进行适当的比对。

三，本书并未对朱熹、张栻全部往来书信做均质的疏证与研究。对于朱熹、张栻往来书信中最为重要的部分，即宋孝宗乾道二年（1166）至淳熙元年（1174）中和旧说、中和新说、中说、仁说、心说，以及如程集改定、赴金求陵寝地等书信，本书用力较多。而淳熙二年（1175）后，张栻再次辗转任职，其致朱熹之书信，大多罕有朱熹回函，颇难进行相应的疏证与研究，因此本书多有省简。另外，部分"问答"性质的书信，篇幅颇长而适宜疏证的内容有限，本书也多从略。

四，部分书信系年虽可确定在某一年，但具体月份难以确定，此类书信如主题相近则置于一处，以便于读者整体把握。

五，本书所用朱熹、张栻往来书信底本为上海古籍出版社、安徽教育出版社 2010 年所刊《朱子全书》（修订版）和中华书局 2015 年所刊《张栻集》，但标点方面随文偶有调整。

Z1（别纸）（侯子论语）

侯子《论语》抄毕内上。其间误字显然者，已辄为正之矣。但其语时有不莹，岂其不长于文字而然耶？抑别有以也？顷在豫章，见阜卿所传语录，有尹和靖所称伊川语云："侯师正议论，只好隔壁听。"详味此言，以验此书，窃谓其学大抵明白劲正，而无深潜缜密、沉浸醲郁之味，故于精微曲折之际不免疏略，时有罅缝。不得于言而求诸心，乃其所见所存有此气象，非但文字之疵也。狂妄辄尔轻议前辈，可谓不逊，然亦讲学之一端，所不得避。不审高明以为如何？人回却望批诲，幸甚幸甚。（《朱文公文集》卷三〇）

【系年】

此信当系于隆兴二年（1164）或次年初。此信系年旧有两说。

其一以为当系于隆兴二年九月朱熹、张栻见面后数月内。信中所言"顷在豫章",当指隆兴二年张浚去世后,张栻护灵返湘,朱熹于当年九月二十日赴豫章哭祭张浚,并自豫章送至丰城。束景南、任仁仁、顾宏义主此说。① 其二以为此信当系于乾道八年(1172)。郭齐、尹波以为信中有批评侯师圣语,当与称言"侯师圣之说多可疑,然亦有好处也"的 S13 为一时往来书信,又据 S13 中线索,将两书一并系于乾道八年;而"顷在豫章"则指乾道三年(1167)朱熹长沙之行后返闽经由豫章之事。②

当以前说为是。李侗过世后,朱熹多从张栻处获得二程及程门文献,如侯师圣《论语说》,朱熹自言"皆出衡山胡氏"。③ "顷在豫章"当指朱熹与张栻同处时,张栻赠予朱熹理学语录相关著作。王懋竑也指出,朱子文集中所收与张栻论学的三卷书信,"三十卷与张敬夫书、三十一卷答张敬夫书,大概以年叙,三十二卷所载则不以年叙,且多未定之论,故疑为朱子所自删而后人复入之者,然未敢定也"。④ 依此体例,则 Z1 亦当系于 1164 年或次年初。

---

① 束景南:《朱熹年谱长编》(增订本),华东师范大学出版社,2014 年,第 332 页;任仁仁、顾宏义编撰:《张栻师友门人往还书札汇编》,中华书局,2018 年,第 206—207 页。

② 朱熹著,郭齐、尹波编注:《朱熹文集编年评注》,福建人民出版社,2019 年,第 1472 页。

③ 朱熹撰,戴扬本校点:《伊洛渊源录》卷一二,朱熹撰,朱杰人、严佐之、刘永翔主编:《朱子全书》(修订本)第 12 册,上海古籍出版社、安徽教育出版社,2010 年,第 1089 页。

④ 王懋竑撰,何忠礼点校:《朱熹年谱·考异》卷一,中华书局,1998 年,第 303 页。严格来说,朱熹文集中所收朱张往来书信不止三卷。另外五封书信,散见于文集卷二四、二五,此为朱熹与友人论政书信,与论学书信主旨不同,且论政书信几乎都严格按照时间编排次序。

　　此信或为今存朱熹致张栻书信中最早的一封，信首小字既注"别纸"，则当有书信正文，惜今不存。信中朱熹以为侯师圣之弊，不止于文字之疵，暗讽其于程门高弟中因欠涵养之功而无切实自得之效。

【疏证】

　　"阜卿"。陈之茂，字阜卿，往来答书尚存王十朋《答湖守陈郎中》、周必大《除左使答湖守陈阜卿启》、大慧宗杲《答陈教授》，又洪适《休宁县校官碑》稍记其事。

　　"有尹和靖所称伊川语云：'侯师正议论，只好隔壁听。'" 此语今存《二程集》中，乃时紫芝所集语录。① 所谓"只好隔壁听"，指初闻或可喜，深究则不然，因无切实体会。朱熹曾以侯师圣论《中庸》鬼神之德为例，认为侯说"乍读如可喜者，而细以经文事理求之，则失之远矣，程子所谓'只好隔壁听'者，其谓此类也夫"！② 王夫之也以为程子此言是指侯师圣"贪于规模之大，而切体无实"。③ 张栻在 S4 中亦批评"岳下诸公尚执前说，所谓帘窥壁听者，甚中其病耳"，"帘窥壁听"意同于此。

　　此语可与后文"无深潜缜密、沉浸酴郁之味，故于精微曲折之际不免疏略，时有罅缝"合观。所谓"深潜缜密"，是程子论吕大临之语，④ 朱熹屡加援引，意在突显吕大临的涵养工夫。朱熹中

---

① 程颢、程颐著，王孝鱼点校：《二程集》，中华书局，2004 年，第 417 页。

② 朱熹撰，黄坤校点：《四书或问》，《朱子全书》（修订本）第 6 册，第 579 页。

③ 王夫之著，王孝鱼点校：《读四书大全说》卷七，中华书局，1975 年，第 476 页。

④ 《二程集》，第 64 页。

年曾转引程子之语，论程门高弟吕、游、杨、侯四子优劣："于吕称其深潜缜密，于游称其颖悟温厚，谓杨不及游而亦每称其颖悟，谓侯氏之言但可隔壁听……则其高下浅深亦可见矣。"① 与朱熹批评侯师圣"精微曲折之际不免疏略"相反，湖湘学派对侯师圣则多有肯定，如胡安国曾称许侯师圣"讲论经术则通贯不穷，商略时事则纤微皆察"，并遣胡宏问学于侯师圣。② 胡宏也以为侯于二程问学最久、悉知二程文章最详。③ 李侗和朱熹对侯师圣则有不同评价，朱熹晚年亦曾与陈淳论及程门高弟，依旧认为"侯师圣太粗疏，李先生甚轻之"。④

大体而言，对于程门弟子，湖湘学派因深受谢良佐、杨时等影响，多加肯定；而朱熹则以为程门后学多不能承续师说，乃至流入异端，至于深受程门高弟影响的湖湘学派，在朱熹看来也多有不醇。

S17（复和仇虏）

复和仇虏，使命交驰，痛心痛心！陈应求时通书，极知忧国，但未见所以济之之策。已去复召，却又供职，所不能晓。想数得相见。但今日所谓正人端士固有之，惟是

① 《四书或问》，《朱子全书》（修订本）第6册，第554页。
② 黄宗羲著，吴光点校：《宋元学案》卷三〇，沈善洪主编：《黄宗羲全集》（增订版）第4册，浙江古籍出版社，2005年，第332页。
③ 胡宏著，吴仁华点校：《胡宏集》，中华书局，1987年，第189页。
④ 黎靖德编，王星贤点校：《朱子语类》卷一〇一，中华书局，1994年，第2557页。

不知学，不敢期望以向上事业耳。湖南缘向来有位者惠奸长恶，养成郴贼，共父到，颇能明信赏罚，上下悦之。今鄂兵集者五千人，若措置得宜，当数月而定。但今时一种议论，待盗贼只知有招安，正如待仇虏只说和一般。此贼蹂践三路，杀掠无数，渠魁岂可不歼焉？特散其党与可耳。

郴、桂盗贼幸有平定次弟，但安辑反侧，抚存凋瘵，正惟匪易。如病痛疽，须消尽毒气，使血脉贯通，方为无事。共父甚留意。偶来告有便介，草草复附此。（《张栻集》卷二一）

【系年】

此信当在乾道元年（1165）八月或稍后，为张栻致朱熹第一书。论者或以刘珙任官委任之初为线索而系于乾道元年三月，此是未能留意到刘珙五月方才抵湘；或以刘珙诛杀郴乱贼首李金而系于乾道元年七月，但信中张栻提及"渠魁岂可不歼焉？特散其党与可耳。郴、桂盗贼幸有平定次弟，但安辑反侧，抚存凋瘵，正惟匪易"，恐指刘珙抵湘平叛且数千鄂军齐聚之后，其时贼守李金已伏诛而余党仍在，故系于乾道元年八月或稍后为宜。①

此信中论及三事，其一为隆兴二年（1164）宋金合议，其二为陈俊卿出处，其三为刘珙平定郴州李金叛乱，虽言简辞约，但

---

① 杨世文：《张栻朱熹书信编年考证》，蔡方鹿主编：《张栻与理学》，人民出版社，2015年，第200页。

此三事对于乾淳年间理学共同体的发展皆有深远影响。

【疏证】

"复和仇虏，使命交驰，痛心痛心！""复和仇虏"之"复"，非指宋廷在绍兴和议后又于隆兴年间再启和议，而是特指在隆兴元年（1163）十一月和议后，本因张浚入朝而搁置的和议，因张浚去职而再次启动。此事颇为曲折，下文稍加铺陈。

孝宗即位后，隆兴元年五月初七宋军北伐，但于五月二十四日即遭符离之败。七月上旬，主和派汤思退复任右仆射兼枢密使，宋金开始议合。宋廷于十一月十三日遣王之望、龙大渊为金国通问使北上议和，并于十一月十四日召集侍从台谏官十四人集议，除胡铨一人主战，余者基本赞成合议条款。但宋孝宗对于战、和仍有疑义，因此召张浚入朝以为助力，他在给张浚的手诏中说，"和议事专俟卿到，面尽曲折，卿宜速来"。① 张浚于十一月十九日赴行在，十二月九日入都，并于同月出任右仆射，② 宋孝宗此时有"专委"张浚之意，主和派汤思退等对迁都建康等重大决策"初不与闻"，由此之前所达成的和议内容被搁置，宋孝宗也"止誓书、

---

① 朱熹撰，刘永翔、朱幼文校点：《朱文公文集》卷九五下，《朱子全书》（修订本）第 25 册，第 4431 页。

② 隆兴元年冬，孝宗曾想直接以张浚为左相（首席宰相），而高宗则说"汤思退元是左相，张浚元是右相，只仍其旧可也"。于是原居战和之间的陈康伯辞任左仆射，"思退虽（进位）为左仆射，而公（张浚）恩遇独隆，每逢事，上辄留公与语"。参洪迈撰，孔凡礼点校：《容斋随笔·五笔》卷一〇，中华书局，2005 年，第 953—954 页；徐自明撰，王瑞来校补：《宋宰辅编年录校补》卷一七，中华书局，1986 年，第 1167 页。

留使人"。① 所谓"留使人"，即指原由汤思退提议的王之望、龙大渊为通命使副北上乞和一事暂缓。汤思退由此谋划倾陷张浚，他一方面借助宋高宗的权威，"请上以社稷大计奏禀上皇，而后从事"，另一方面建言希望张浚出外巡视江淮。② 隆兴二年三月，张浚被迫离开朝廷巡视江淮，而汤思退一党随即轮番对其展开攻击，最终导致张浚于四月下旬去职，从此再未返回朝堂之上，并于同年八月病逝。③ 此后宋金再启和议。八月魏杞使金商讨和议条件，十一月隆兴和议成，乾道元年（1165）正月宋使携国书北上，四月金使携国书南来。此后直到开禧二年（1206）开禧北伐，宋金关系以隆兴和议为基准。

"使命交驰"指的是隆兴二年八月魏杞使金商讨和议条件，十一月王抃将参知政事周葵、王之望的书简送至金将仆散忠义，十

---

① 汪圣铎点校：《宋史全文》卷二四上，中华书局，2016 年，第 1991 页；《宋宰辅编年录校补》卷一七，第 1166 页。

② 《朱文公文集》卷九五下，《朱子全书》（修订本）第 25 册，第 4433—4434 页；李心传撰，徐规点校：《建炎以来朝野杂记》甲集卷二〇"癸未甲申战和本末"条，中华书局，2000 年，第 462—471 页。

③ 张浚之罢职，细节仍然有难以确知之处，何以当时汤思退等人"纵迹诡秘"不过数日，就有旨令张浚按视江淮，而且"趣行之旨屡下"。如此催促张浚出外，或非孝宗本意，而有来自高宗的压力，并且以巡视江淮前线的理由迫使张浚去朝也颇具手腕。张浚之罢职，当有极寒人心处，当时汤思退一党中尹穑"连疏诋公愈力"，张浚本人也知罢职无可挽回，其间"致仕之章已八上"，而孝宗也有无能为力之处，所谓孝宗"察公诚恳，欲全其去"，恐是无可奈何之举。张浚外放江淮前线后也颇受掣肘，"宣谕司及统领司磨治都督府文书钱物，吹毛求疵，卒不可得，乃已"，所以当时故旧门生劝张浚消极应对，"当勿复问时事，后虽有诏命，亦无庸起"。参《朱文公文集》卷九五下，《朱子全书》（修订本）第 25 册，第 4434 页、4436 页。

二月洪适使虏,次年正月宋使携国书北上,四月金使携国书南来,五月李若川使虏等。双方频频互派使臣,故称"交驰"。此信所言"痛心痛心",正是因为张栻亲历其中,深知曲折,他曾于隆兴二年十一月上《誓不言和专务自强疏》以明心迹。

隆兴和议期间,朱熹于隆兴元年十月十九日到临安,十一月六日奏事垂拱殿,反对和议,十二月十二日离开临安。在临安时,朱熹与张栻首次见面。虽然张浚入都距朱熹离开仅三四日,但朱熹曾见张浚,献计分兵进取中原。朱熹之所以能见到张浚,或因此前他与张栻见面相谈,张栻对朱熹的印象颇佳,也可能是因为朱熹与当时张浚倚重的陈俊卿、刘珙等人关系密切。

"陈应求时通书"。陈应求即陈俊卿(1113—1186),福建人,少年得志,不及三十即中榜眼。① 孝宗即位后,陈俊卿即与张浚整饬边备,隆兴元年(1163)张浚建都督府,陈俊卿则为参赞军事。二年四月下旬张浚去职,五月陈俊卿也随之被贬。六至七月,汤思退为求和议,主动撤出唐、邓、海、泗驻军;不料十月,二十万金军渡淮南侵,边境震动,十一月,汤思退由此被贬永州,并死于途中。随后,孝宗重新启用陈俊卿,乾道元年(1165),陈俊卿除礼部侍郎,寻兼侍读,同修国史,但同年七月又因奏论钱端礼一事而出知建宁。陈俊卿在建宁任职一年,至乾道三年方被召回,任同知枢密院事兼参知政事。此后陈俊卿与朱熹在具体政治事件上虽有不同看法,如对于魏元履的起用与贬抑,但整体上陈俊卿仍然是朱熹的支持者,彼此之间的交游颇能体现理学家与高层官

---

① 《朝野杂记》甲集卷九,第182—182页。

僚的合作关系。

所谓"时通书"，当指陈俊卿任职建宁期间，张栻应与陈俊卿时有书信往来。陈俊卿是当时的关键人物之一，朱熹、张栻都与之有所往来，只是相关书信今多不存。①

"已去复召，却又供职，所不能晓。""已去"指的是隆兴二年五月陈俊卿离朝赴泉州任，后改为祠禄官。"复召"指的是隆兴二年底汤思退贬死后，宋孝宗召陈俊卿赴阙。"却又供职"指陈俊卿在朝仅半年，乾道元年七月又除宝文阁直学士、出知建宁府，任职于外。"所不能晓"，指的是张栻不解孝宗为何如此反复，既已召回陈俊卿，却又很快加以贬抑。杨世文以为"已去复召，却又供职"指陈俊卿以宝文阁待制出知泉州，改提举太平兴国宫，乾道元年正月被召回京，除吏部侍郎兼侍读，同修国史。②

"湖南缘向来有位者惠奸长恶，养成郴贼，共父到，颇能明信赏罚，上下悦之。今鄂兵集者五千人，若措置得宜，当数月而定。""湖南有位者"不知所指何人。所谓"郴贼"，指隆兴二年李金在郴州为乱，聚众数万，杀掠万人。"共父"即刘珙（1122—1178），福建人，与朱熹少年即相熟。朱熹早年丧父，朱父临终前

---

① 当时朱熹和陈俊卿往来书信中最有代表性的，当属朱熹作于乾道元年的《与陈侍郎书》，此信颇能体现朱熹对于当时政局的基本看法：即对讲和之计、（人君）独断之言、国是之说的反对。参《朱文公文集》卷二四，《朱子全书》（修订本）第 21 册，第 1084—1088 页。信中提及陈俊卿、刘珙，皆为朱熹最重要的政治支持者。朱熹生平所作纪念文字中，篇幅最长者为张浚行状，《朱文公文集》卷九五上、下皆是；其次为陈俊卿行状，《朱文公文集》卷九六皆是；再次当为刘珙行状，见《朱文公文集》卷九七。

② 杨世文：《张栻朱熹书信编年考证》，第 200 页。

即命朱熹从刘子羽、刘子翚、刘勉之、胡宪问学,其中刘子羽
"尤以收恤孤穷为己任"。① 刘珙、刘玶兄弟,即为刘子羽之子,
与魏元履、朱熹四人自小相熟,后来在政治上彼此支持,但刘珙
在仕途上最为畅达,而刘玶、魏元履和朱熹则仕途多有阻隔。观
朱熹与各级官员、学者讨论时局,朱熹最为真实的态度,多见于
与刘珙、刘玶和魏元履的信中,其次则是与张栻、陈俊卿等人之
书信,至于与留正等人书信中文字,未必皆能代表朱熹真实
态度。

"共父到"指因郴州李金为乱,乾道元年三月,刘珙除敷文阁
待制、知潭州荆湖南路安抚使,同年五月,刘珙入湘平乱。隆兴
年间,刘珙曾为张浚所荐,但随着政局变化,隆兴元年冬,刘珙
除集英殿修撰、知泉州,次年改衢州,此时因郴州之乱才得以再
被启用。

"今鄂兵集者五千人",当指七月鄂军入湘。当时湖南地方军
疲弱,刘珙向京西制置使沈介求援,请调湖北前线正规军,六月,
沈介所遣游奕军统制田宝率千人至,数日后鄂州水军统制杨钦率
一千五百人至,七月,鄂将谷青、王翌各率二千人至。②

"若措置得宜,当数月而定",李金伏诛是在八月,论者多由
此认为此信作于刘珙谋划戡乱而未有实际举措之时,故由八月倒
推数月,此说或可商榷,详下。

---

① 《朱文公文集》卷九〇,《朱子全书》(修订本)第 24 册,第 4168 页。
② 《朱文公文集》卷九七,《朱子全书》(修订本)第 25 册,第 4490—
4491 页;黄宽重:《南宋地方武力——地方军与民间自卫武力的探讨》,
国家图书馆出版社,2009 年,第 86 页。

"渠魁岂可不歼焉？特散其党与可耳。"李金作为匪首八月受诛，而刘珙对其余党采取宽恩政策。论者多以李金受诛为平叛彻底结束，但李金受诛后，"其支党胁从者尚众，皆窜入山谷间"，当时刘珙令杨钦等收兵，而使人招降李金余党，并予宽待，甚至恢复其原有田宅，至乾道元年底才真正完成平乱，即朱熹所言"岁尽师还"。① 张栻信中所言"当数月而定"，并非指刘珙任官或者入湘至八月李金受诛之间的数月，而是在李金受诛后，如何招降余党、不致再生叛乱，需要"措置得宜"，要有"平定次弟"，"抚存凋瘵，正惟匪易。如病痛疽，须消尽毒气，使血脉贯通，方为无事"。张栻虽然认同刘珙的平叛策略，但他格外提出一点，"但今时一种议论，待盗贼只知有招安，正如待仇虏只说和一般"。在张栻看来，无论平叛还是对金国策，都不能一味退让。

郴州平乱对于刘珙本人仕途有着关键影响，孝宗对刘珙此次平叛评价极高，嘉叹再三，召为敷文阁直学士，并赐玺书，随后刘珙也成为孝宗极为倚重之人。在给刘珙的玺书中，孝宗提到了反面例子，即"近世书生但务清谈，经纶实才盖未之见"，② 在孝宗心目中，类似朱熹等理学家或许便是清谈无用之书生，而刘珙虽然与朱熹相熟，但在孝宗心目中却非清谈之人。乾道二年四月，朝臣"进呈刘珙等以措置李金贼徒了毕推赏"，孝宗回复"朕已批与刘珙，近时儒者多高谈无实用，卿则不然，能为朝廷了事，诚

---

① 《朱文公文集》卷九七，《朱子全书》（修订本）第 25 册，第 4491—4492 页。
② 《宋史》卷三八六，中华书局，1985 年，第 11850 页。

可赏也"。① 孝宗的这种用人导向，既区别具备实务能力的理学型官僚和更为纯粹的理学家，也决定了朱熹等理学家在孝宗朝中前期的基本命运。

---

① 《宋史全文》卷二四下，第 2031—2032 页。

Z3（人自有生）

先生自注云：此书非是，但存之以见议论本末耳。下篇同此。

人自有生，即有知识，事物交来，应接不暇，念念迁革，以至于死，其间初无顷刻停息，举世皆然也。然圣贤之言，则有所谓"未发之中，寂然不动"者，夫岂以日用流行者为已发，而指夫暂而休息，不与事接之际为未发时耶？尝试以此求之，则泯然无觉之中，邪暗郁塞，似非虚明应物之体；而几微之际一有觉焉，则又便为已发，而非寂然之谓。盖愈求而愈不可见，于是退而验之于日用之间，则凡感之而通、触之而觉，盖有浑然全体、应物而不穷者，是乃天命流行，生生不已之机，虽一日之间万起万灭，而其寂然之本体则未尝不寂然也。所谓未发，如是而已，夫岂别有一物限于一时、拘于一处而可以"谓之中"哉？然则天理本真，随处发见，不少停息者，其体用固如是，而岂物欲之私所能壅遏而梏亡之哉！故虽汩于物欲流荡之中，而其良心萌蘖，亦未尝不因事而发见，学者于是致察而操存之，则庶乎可以贯乎大本达道之全体而复其初矣。不能致察，使梏之反复，至于夜气不足以存而陷于禽兽，则谁之罪哉？周子曰："五行一阴阳也，阴阳一太极也，太极本无极也。"其论至诚，则曰"静无而动有"。程子曰："未发之前，更如何求？只平日涵养便是。"又曰："善观者却于已发之际观之。"二先生之说如此，亦足以验大本之无所不在，良心之未尝不发矣。（《朱文公文集》卷三〇）

【系年】

此信当系于乾道二年（1166）。此信与下文 Z4、Z34、Z35 统称为"人自有生四书"，为朱熹张栻往来书信中最为重要的一组。此处先总括此组书信概况，再具体讨论 Z3。

研究朱熹思想者，多认为"中和新旧说"的转变与形成，是朱熹思想走向成熟的标志。所谓"中和新旧说"，指的是朱熹在李侗过世后数年间围绕"中和"问题形成的"旧说"与"新说"。而学者所讨论的范围，还包括李侗过世后、"旧说"形成之前的朱熹思想。由此，所谓"中和新旧说"，实际包括朱熹对于"中和"问题的三种观点。

"中和"出自《中庸》首章"喜怒哀乐之未发谓之中，发而皆中节谓之和"一句，原指具体的喜怒哀乐等情感发动前后的状态，未发已发更多指的是时间层面的先后，属于经验层面而非超越本体的问题，在早期儒学思想中与其他核心范畴也没有太多牵动性。但理学中的"中和"问题不局限于经验层面，特别是二程以来程门"求中""体中"的理学传统，实际上对于"中和"问题进行了再诠释，未发已发更多指涉的是体用层面，而非经验层面的时间先后。理学家将"中和"与未发已发、体用、动静、寂感、心性情等理学范畴形成新的对位关系，从而在结构中赋予这些范畴以新的内涵。因为中和问题牵涉极多，北宋以来理学家多有左支右绌之处，在文献诠释和义理建构方面多有分歧，直到朱熹才真正对这一问题有系统性的判定，并成为理学史上对中和问题最具代表性的义理架构。

中和新旧说的义理，下文还将详述，此处仅先行给出大致纲要以有一基本轮廓（表1）：

表1　"中和新旧说"前后三说要义

	未发（中）	已发（中，和）	工夫
道南指诀	心有未发	心有已发 未发、已发以先后言	静中体验未发气象
中和旧说	性为未发	心为已发 未发、已发以体用言， 性体心用	先察识后涵养
中和新说	性为未发，心有未发	情为已发，心有已发，心统性情	涵养须用敬，进学在致知

朱熹曾自编与友人论"中和新旧说"的文稿，今已不存，朱

子文集中仅存《中和旧说序》，① 朱熹门人程永奇（1151—1221）也曾编《中和考》三卷，今亦不存。② 此外，如真德秀《西山读书记》、旧题朱熹门人滕珙所编《经济文衡》、刘因《四书集义精要》、刘宗周《圣学宗要》等理学著作，都曾集中讨论该议题，但多聚焦于朱熹最终定见。③ 从文献角度深入考察朱熹"中和新旧说"的演变，发端于清代王懋竑。较之宋元明儒者，清代学者的讨论于文献上更为严谨细密。中和新说的文献此处暂不讨论，前述著作讨论中和旧说，多仅列 Z3 和 Z4 两书，刘宗周则列 Z3 和 Z34 两书，而从王懋竑开始，Z3、Z4、Z34 和 Z35，统称为"人自有生四书"，被视为理解朱熹中和旧说的关键材料。王懋竑之后，学者们对于"中和旧说"的讨论，大体沿用王懋竑所选定的"人自有生四书"，但对此四通书信的系年、先后，则又产生了不同看法（表2）：

---

① 《朱文公文集》卷七五，《朱子全书》（修订本）第 24 册，第 3634—3645 页。朱熹于序中所言"中和旧说"，并非今天学者所言"中和新旧说"中的"中和旧说"，而是他在乾道八年（1172）回顾自己旧日与友人论中和问题的整体，包括"中和新旧说"全部。

② 叶秀发为程永奇所作墓志铭中，曾说程永奇因"中和之说，文公盖有遗憾，为集其语，为《中和考》三卷"。叶秀发：《格斋先生程君永奇墓志铭》，曾枣庄、刘琳主编：《全宋文》第三百一册，上海辞书出版社、安徽教育出版社，2006 年，第 288 页。

③ 真德秀撰，王传龙校点：《西山先生真文忠公读书记》甲集二，《儒藏》（精华编）第 191 册，北京大学出版社，2022 年，第 40—48 页；滕珙编：《经济文衡》前集卷二一，影印文渊阁《四库全书》本，上海古籍出版社，2009 年；刘因撰：《四书集义精要》卷三四，元至顺元年江浙等处行中书省刊本，今藏台北故宫博物院，四库全书本《四书集义精要》为残本，缺此卷；刘宗周撰：《圣学宗要》，刘宗周撰，吴光主编：《刘宗周全集》第 2 册，浙江古籍出版社，2007 年，第 240—244 页。

表2　"人自有生四书"诸家系年表①

	乾道二年（1166）	乾道三年（1167）	乾道四年（1168）
王懋竑	Z3、Z4、Z34、Z35		
牟宗三	Z3、Z35、Z4、Z34		
钱穆			Z3、Z4、Z34、Z35
刘述先			Z3、Z35、Z4、Z34
陈来	Z3、Z35、Z4	Z34	
束景南	Z3、Z4、Z34、Z35		

　　由表2可见，诸家系年方面的分歧主要是中和旧说究竟在乾道二年还是乾道四年。这其中的要害在于乾道三年秋冬，朱熹曾赴湖南与张栻论学两月，因此系于乾道三年之前或之后，关乎朱熹中和旧说多大程度上受湖湘学派影响。如钱穆以为"中和旧说乃为朱子与南轩两人在长沙讲论两月后所引起……可以断然无疑"，而陈来以为朱熹中和旧说非从张栻而来。② 在四通书信彼此先后关系方面，核心问题是Z35究竟是在四通信中的次封还是末封，而这关系到如何把握中和旧说内部的思想演变。

---

① 此表参考洪明超：《朱子"人自有生"四书年代考——兼论中和旧说的思想演变》，《宋代文化研究》2020年第1期，第190—214页。此外夏炘曾作《朱子中和旧说约在乙卯丙戌之间考》，将中和旧说形成的跨度拉长为八年，但下限依旧断于1166年，详见夏炘：《述朱质疑》卷三，清咸丰壬子刻本，自藏本。

② 钱穆：《朱子新学案》第2册，九州出版社，2011年，第232页；陈来：《朱子哲学研究》，华东师范大学出版社，2000年，第169—170页。

"人自有生四书"本身缺乏可以系年的直接证据，将这四通书信主要系于乾道二年的学者的论证包括两个步骤：（1）将此组书信与朱熹《答何叔京》几通书信联系起来，据两组信中所体现的线索和义理的一致性，认为当在同时；①（2）借由《答何叔京》书信中的线索，辅之以朱熹《答罗参议》《答许顺之》等书信，以为当在乾道二年。此种论证思路自王懋竑始，后来者牟宗三、陈来、束景南皆承续其说，或稍作补充，② 今天学界亦以此说为主。其中，第二步论证历来学者少有疑义，③ 但对第一步论证则有不同看法，可稍加分疏。

以陈来所作论证为例。陈来以为《答何叔京》第三书（昨承不鄙）中的关键线索是信中"虽子程子之言，其门人所记录，亦不能无失"一句，此句与 Z4 中所疑程子语录，以及《中和旧说

---

① 对于两组书信，王懋竑说"意相合"、陈来说"意同"、束景南以为"完全相合"。详见王懋竑撰，何忠礼点校：《朱熹年谱·考异》卷一，第303 页；陈来：《朱子哲学研究》，第 167 页；束景南：《朱熹年谱长编》（增订本），第 358 页。

② 牟宗三虽然认为王懋竑缺乏义理训练，仅为一考证型学者，但也屡屡称许王懋竑从朱熹文集中将四通《与张钦夫》、三通《答何叔京》、两通《答罗参议》和一通《答许顺之》共计十通书信粹为一编，置于《年谱》此年条下，贡献甚大、功不可没。参牟宗三：《心体与性体》下册，上海世界出版股份有限公司、上海古籍出版社，1999 年，第 63 页、65 页、67 页、86 页。

③ 如束景南认为《朱文公文集》中三十二通《答何叔京》皆以年序次，并且可与"中和旧说"参验的书信不止王懋竑所列《答何叔京》第二、第三、第四书，而是包括前八通书信；又如刘述先以为《答何叔京》第一书当在 1164 年，而非 1166 年，虽于细节上有所分歧，但无关大旨。详见束景南：《朱熹年谱长编》（增订本），第 358—359 页；刘述先：《朱子哲学思想的发展与完成》，吉林出版集团有限责任公司，2015 年，第 74 页。

序》中所云"虽程子之言有不合者，亦直以为少作失传而不之信也"，都是质疑程子语录，应在同时。而《答何叔京》第三书中的义理关键在"（1）天性人心、未发已发，（2）浑然一致，更无别物"一句。学者多以为，"（1）天性人心、未发已发"，即指未发为性、已发为心，这就是中和旧说最核心的义理；而"（2）浑然一致，更无别物"也与Z4"大抵此处浑然"、Z35"日用之间浑然全体"相一致。①

但将"人自有生四书"系于乾道四年的学者，则以为此四书与《答何叔京》义理不同。钱穆、刘述先回避了"（1）天性人心、未发已发"这一关键义理的讨论，而认为"（2）浑然一致，更无别物"乃至整句话都只是理学家惯用话头，不一定要到中和旧说才能说得出。② 这一反驳意见忽视对于"（1）天性人心、未发已发"的讨论，难以令人信服。

钱穆、刘述先以为两组书信义理不同，一个重要的理由是以为"人自有生四书"与湖湘学派观点相契，而与李侗思想不合，而《答何叔京》信中屡屡表明朱熹还在追求延平遗训的真意，如此反差不可能是在同时。③ 不过此种看法，恐是后见之明。李侗和湖湘学派之间，确有相当的差异，如李侗的工夫重未发时涵养，而湖湘学派则重视先经由已发的察识，再涵养察识中所得。但对于朱熹当时的心境而言，他未必对二者作如此截然的分判，他恰恰可

① 陈来：《朱子哲学研究》，第167页。
② 刘述先：《朱子哲学思想的发展与完成》，第88页。
③ 钱穆：《朱子新学案》第2册，第234页；刘述先：《朱子哲学思想的发展与完成》，第88页。

能以为通过湖湘学派"先察识后涵养"的工夫，可以验证李侗所云"体认大本未发时气象分明"。实际上，后世研究者多主张朱熹此数年间所继承的延平遗训、中和旧说、中和新说是截然不同的三种观点，但对于朱熹本人当时的心境而言，无论中和旧说还是中和新说，都是他探究延平遗训真意而作出的再诠释。虽然这种诠释在后来者看来，已经偏离了李侗本意，但对于诠释者而言，则以为是发明了李侗本意。乾道八年（1172）朱熹已经完成了中和新说，他在《中和旧说序》中回顾自己的探索时，也说"余蚤从延平李先生学，受《中庸》之书，求喜怒哀乐未发之旨，未达，而先生没……（得中和新说后）独恨不得奉而质诸李氏之门，然以先生之所已言者推之，知其所未言者，其或不远矣"，① 亦未以李侗之说为非，而以为自己所得与李侗所论实相去不远。

主张将"人自有生四书"系于乾道四年的学者，亦有相应的理由。其立论依据主要在于主张尊重朱熹本人在乾道八年《中和旧说序》中的表述。② 序中朱熹自述"求喜怒哀乐未发之旨未达"之时即逢李侗去世，他"若穷人之无归"，听闻张栻得胡宏之学，因此"往从而问焉"，然后才有中和旧说。刘述先力主此"往"字，即是前往拜访之意。李侗隆兴元年（1163）十月十五日逝世后，朱熹拜访张栻计三次，其一是当年十月在临安与张栻会面，③

---

① 《朱文公文集》卷七五，《朱子全书》（修订本），第 3635 页。
② 钱穆：《朱子新学案》第 2 册，第 257 页；刘述先：《朱子哲学思想的发展与完成》，第 87 页。
③ 朱熹于 1163 年十月十九日至临安，和吕祖谦首次通信，正式建立学术联系。同月，与张栻在都下相识。可以说，通过临安之行，南宋乾道、淳熙年间最重要的理学家群体，开始真正建立起学术联系和政治共识。

但此时朱熹应未得李侗去世消息，与序文所言不合；① 其二是次年九月二十日朱熹赴豫章哭祭张浚，在豫章至丰城路上曾与张栻同舟共处三日，但此时张栻因父丧恐无心境与朱熹论学；其三则是朱熹于乾道三年秋前往湖南，与张栻论学两月，刘述先以为"往从而问焉"即指此次问学。② 不过自王懋竑开始，学者即已经留意到此"往"字或另有所指，王懋竑以为："向以《中和旧说序》云：'闻张钦夫得衡山胡氏之学，则往从而问焉。'为至潭州时，故以四书在戊子，今以《答罗宗约书》考之，自指书问往来，而非至潭州时也。"③ 所谓"今以《答罗宗约书》考之，自指书问往来"，是指可确证作于乾道二年秋冬之际的《答罗参议》第六书中，曾提及"某块坐穷山，绝无师友之助，惟时得钦夫书问往来"。④ 王懋竑之所以自弃旧说，以为中和旧说当形成于湖南之行前，原因就在于他认为序中"往"字是指朱熹与张栻之间的"书问往来，而非至潭州时也"。陈来也主张"《中和旧说序》所谓问学于南轩，当指甲申（1164）后二年间所通书"。⑤

主张"人自有生四书"系于乾道四年的学者还有另一佐证。朱熹在结束湖南之行辞别张栻之际，曾有诗云"昔我抱冰炭，从君识乾坤"，《朱子语类》中又记载朱熹自陈"旧在湖南理会乾

① 夏炘曾作《朱子往问张南轩在癸未考》，立主"往从而问焉"当指1163年这次相见，亦可备一说，详见夏炘：《述朱质疑》卷三。
② 刘述先：《朱子哲学思想的发展与完成》，第78页、第87页。
③ 王懋竑撰，何忠礼点校：《朱熹年谱·考异》卷一，中华书局，1998年，第303页。
④ 《朱文公续集》卷五，《朱子全书》（修订本）第25册，第4748页。
⑤ 陈来：《朱子哲学研究》，第170页。

坤"，由此钱穆、刘述先以为这说明朱熹是带着诸多困惑前往湖南问学，而此行因张栻而获益匪浅，并最终形成中和旧说。① 学者也多由此讨论诗中所云乾坤、太极是否与中和直接相关。但此未足为铁证，酬唱之诗，未必皆有实指。若依钱穆、刘述先所论，则《中和旧说序》中所言"闻张钦夫得衡山胡氏学，则往从而问焉"当指乾道三年朱熹湖南之行，而序中明确说当时"钦夫告余以所闻，余亦未之省也"，既然"未之省也"，如何能将"从君识乾坤"视为中和旧说之领悟？张栻去世后，朱熹曾在祭文中追记与张栻往来论学，文中云"我昔求道，未获其友……盖自从公，而观于大业之规模……丁亥之冬，风雪南山"，② 可见也将湖南之行前数年的书问往来视为一阶段。或许，辞别酬唱之作中所云"昔我抱冰炭，从君识乾坤"，可以理解成朱熹在辞别张栻时回顾论学数年所得而作的谦辞；《朱子语类》所云"旧在湖南理会乾坤"，可理解为朱熹在湖南同张栻集中讨论与此前数年问学相关的议题。朱熹中和旧说形成后，只是对于中和议题核心义理有突破性认识，对于诸多细节仍有疑虑，需要与他人再加切磋参验，故"旧在湖南理会乾坤"理解为在湖南延续了此前讨论的议题亦可，不必一定是指朱熹此行方对中和问题有突破性认识。如此相对宽泛的理解，也与朱熹《答罗参议》第六书相合。此书作于湖南之行前，信中明确说因"时得钦夫书问往来，讲究

---

① 钱穆：《朱子新学案》第 2 册，第 224—225 页；刘述先：《朱子哲学思想的发展与完成》，第 79—80 页。

② 《朱文公文集》卷八七，《朱子全书》（修订本）第 24 册，第 4074 页。祭文中原作"丙戌之冬"，显误，校记已改定为"丁亥之冬"。

此道，近方觉有脱然处"，可见湖南之行前朱熹已经对中和问题有突破性认识。

【疏证】

"人自有生，即有知识，事物交来，应接不暇，念念迁革，以至于死，其间初无顷刻停息，举世皆然也。然圣贤之言，则有所谓'未发之中，寂然不动'者，夫岂以日用流行者为已发，而指夫暂而休息，不与事接之际为未发时耶？尝试以此求之，则泯然无觉之中，邪暗郁塞，似非虚明应物之体；而几微之际一有觉焉，则又便为已发，而非寂然之谓。"朱熹在 Z3 中提出对于"未发"的两种不同理解，开篇便是朱熹所批评的第一种观点。这一观点以为，人之一生，从生至死，因人心无时无刻不与外物纠葛，所以人心皆是活动不息，即为已发；但圣人明确说尚有所谓"未发之中，寂然不动"者。如此，已发便是日用中因外物纠葛而始终活动之心，而未发则是人心不接事物、思虑静止的特定"阶段"或"状态"。那么，未发、已发的区别，主要是时间性的。但朱熹在工夫实践中，体认到强求所谓的不与事物相接的未发状态，反而是"邪暗郁塞"，并不能体察到"虚明应物之体"；而且思虑静止的"无觉"也很难做到，人心稍有牵动便是已发，而无圣人所言寂然不动的气象。需要指出的是，自杨时开始，道南一脉罗从彦、李侗皆重视"体验未发"，朱熹也深受李侗"静中体认大本未发时气象分明"教法的影响。朱熹深知李侗所主张的静坐，是一种收敛精神、涵养德性的工夫，而非如佛老的静坐闭门绝世、把弄光景，但朱熹依旧想正面探究，这种寂然不动的未发之中，究竟为何物。①

"盖愈求而愈不可见，于是退而验之于日用之间，则凡感之而通、触之而觉，盖有浑然全体、应物而不穷者，是乃天命流行，生生不已之机，虽一日之间万起万灭，而其寂然之本体则未尝不寂然也。"朱熹在批评第一种理解后，于此提出对于未发的第二种理解。朱熹依旧从日常经验中肯定人心无所停息，他甚至惊叹于人心在应对万物时所能持续保有的道德性机警。朱熹以为人心这一浑然全体、应物不穷的特点，与理学家所理解的天命流行、生生不已的世界本质高度匹配，甚至人之寸心就是大千世界的"机窍"，深刻呈现了世界的真相。此处所言为"机"，朱熹真正想表达的是由"机"所见之"体"。朱熹认为未发、已发并非时间性的概念，二者并非人心的两种不同阶段或状态；真正的未发，是已发背后之本体，它不是时间性的，如此才有可能是真正寂然不动的，才可以被称之为"未发之中"。由此，下文朱熹才说"所谓未发，如是而已，夫岂别有一物限于一时、拘于一处而可以'谓之中'哉"；又说未发、已发"其体用固如此"。

"然则天理本真，随处发见，不少停息者，其体用固如是，而岂物欲之私所能壅遏而梏亡之哉！故虽汩于物欲流荡之中，而其良心萌蘖，亦未尝不因事而发见，学者于是致察而操存之，则庶乎可以贯乎大本达道之全体而复其初矣。"朱熹以为，未发、已发乃是体用关系，绝非物欲所能阻隔，已发之人心即便陷于物欲之

---

① 蔡仁厚：《宋明理学·南宋篇》，台北：台湾学生书局，1983 年，第77 页。

中，但良心终不可绝，如《孟子·告子上》"牛山之木"章中所言山木既伐、犹有萌蘗。这一观点若从良心的角度考察，如孟子之论良心为人所固有、终不可掩，并无独特之处，但朱熹此时的问题是为了说明良心背后的本体，并引出他此时所认同的湖湘学派工夫。《经济文衡》即指明，Z3 的关键是指出"良心之发虽见于日用而寂然本体则未尝不在"。[1] 因为良心发动背后永远存在着寂然本体，由此学者"于是致察而操存之"的工夫得以可能。[2] "于是致察而操存之"之"是"表已发之人心，"而"表先后，即湖湘学派的先察识后涵养。

以后来者的角度看，李侗与湖湘学派在工夫论上有明显的差异，前者重视未发工夫，注重静坐体认，反对思虑太盛；而后者从已发入手，注重把握已发时的良心，然后加以涵养。牟宗三将李侗与湖湘学派的工夫，分别称为"超越的逆觉体证"和"内在的逆觉体证"。所谓逆觉，指的是反求诸己而觉识之、体认之；超越与内在之别，在于是否与现实生活有所隔断，超越之法更注重诸如超脱日常生活的静坐，内在之法则可通过日常生活中良心之发见而当下觉识、体认。但朱熹此时，未必以为自己就是背弃李侗遗教而转投湖湘学派，他反而以为湖湘学派的工夫，更有助于他真正理解李侗所教之未发为何物。

---

[1]　滕珙编：《经济文衡》前集卷二〇。

[2]　需要补充一点：此时朱熹未深究作为已发的人心究竟所发为何物，只是沿袭了《中庸》所言"喜怒哀乐"之发的表述，而未辨析喜怒哀乐之发与良心发见之发的异同问题。牟宗三对二者有极为深刻的洞见，但朱熹的中和旧说是为了解决困扰他多年的何为未发的问题，此时何为已发非其纠结之处。参蔡仁厚：《宋明理学·南宋篇》，第 84 页。

"不能致察，使梏之反复，至于夜气不足以存而陷于**禽兽，则谁之罪哉?**"此句虽是借《孟子》"牛山之木"章稍加疏通，但义理关键在于以湖湘学派"先察识后涵养"之说理解李侗教法中的"夜气"工夫。朱熹所编《延平答问》中多论夜气，如首条即录李侗之论"涵养"："孟子有夜气之说，更熟味之，当见涵养用力处也；于涵养处著力，正是学者之要，若不如此存养，终不为己物也。"① 涵养与夜气的关系，或有学者以为涵养即存养夜气，《孟子》中"夜气不足以存"一句，"存"字亦可理解为仅存养夜气。依此则《孟子》夜气说可理解为，凡人之工夫，因旦昼之时物欲纷扰、皆为梏，所以工夫当用力于夜间养气。但李侗反对这样的理解，告诫朱熹夜气之说"须是兼旦昼存养之功"。② 这一点并不难理解，儒家工夫的基本倾向，不会承认最当用力处仅是夜间存养，而无日用间工夫。

朱熹、李侗虽然都反对将涵养局限于"存养（夜气）"，而主张更整体性地理解为"存养（良心）"，③ 不过他们对于旦昼之时的涵养工夫理解不同。李侗的本意是，旦昼之间看似纷扰，而

---

① 朱熹：《延平答问》，《朱子全书》（修订本）第 13 册，第 309 页。束景南以为此条即朱熹、李侗论学之总纲，参束景南：《朱熹："性"的救赎之路》，复旦大学出版社，2021 年，第 87 页。

② 朱熹：《延平答问》，《朱子全书》（修订本）第 13 册，第 321—322 页。

③ 朱熹晚年极称许程子"夜气之所存者，良知也，良能也"，以为历代注《孟子》此章"惟此说最当"。他在吸收程子之说的洞见基础上，坚持对此章作"心""气"之辨，反对将《孟子》中"夜气不足以存"理解为不足以存养夜气，以为当理解为夜气不足以存养良心，主张"夜气之说（工夫却）常在日间""夜气上却未有工夫"，实发端于此。参《朱子语类》卷五九，第 1394 页、1396 页、1403 页。

"礼义之心何尝无"，涵养是以"持敬"之方式"持守"此心，李侗之"存养"更侧重于未发之"静养"。① 朱熹此时则未能领会程门"持敬"工夫，对李侗"静"的工夫也缺乏体认，是转以湖湘学派"察识"的角度来理解旦昼之时的工夫，对日用之中的思虑皆作道德性的反观以辨识其中的良心，而涵养就是对此良心作近似于"操舍存亡"式的已发之存养。从义理架构上看，当朱熹中和旧说将人心皆视为已发，就注定了人心上的工夫也仅存已发一面，但朱熹此时或许认为他所理解的涵养工夫，正与李侗一致。

"周子曰：'五行一阴阳也，阴阳一太极也，太极本无极也。'其论至诚，则曰'静无而动有'。程子曰：'未发之前，更如何求？只平日涵养便是。'又曰：'善观者却于已发之际观之。'"此皆北宋理学名言，但朱熹此时引此用意与后来多不同。如引"太极本无极"，"无极"二字非如朱陆"无极太极之辩"之"无形"，而是以"无极"说明未发大本的"寂然不动"，"静无而动有"之"静无"亦是如此。所谓"平日涵养"，也绝不是晚年涵养兼有未发已发之意，是指在中和旧说的义理架构之下，根本不存在未发工夫，因此仅需涵养已发时所呈露的良心，善作工夫者注力于已发工夫即可。中和旧说时，朱熹因多年未能领会李侗教法中的未发工夫究竟所指为何，他的解决方案是以本体取代工夫、以未发为性而非某种时间性阶段，最终取消了未发阶段的工夫。

---

① 　朱熹：《延平答问》，《朱子全书》（修订本）第 13 册，第 320 页。

Z4（前书所扣）

先生自注云：此书所论尤乖戾，所疑《语录》皆非是，后自有辨说甚详。

前书所扣，正恐未得端的，所以求正，兹辱诲谕，乃知尚有认为两物之蔽，深所欲闻，幸甚幸甚。当时乍见此理，言之唯恐不亲切分明，故有指东画西、张皇走作之态；自今观之，只一念间已具此体用，发者方往，而未发者方来，了无间断隔截处，夫岂别有物可指而名之哉？然天理无穷，而人之所见有远近深浅之不一，不审如此见得又果无差否？更望一言垂教，幸幸。

所论龟山《中庸》可疑处，鄙意近亦谓然。又如所谓"学者于喜怒哀乐未发之际，以心验之，则中之体自见"，亦未为尽善；大抵此事浑然，无分段时节先后之可言，今著一"时"字、一"际"字，便是病痛。当时只云"寂然不动之体"，又不知如何。《语录》亦尝疑一处说"存养于未发之时"一句，及问者谓"当中之时，耳目无所见闻"，而答语殊不痛快，不知左右所疑是此处否？更望指诲也。

向见所著《中论》有云："未发之前，心妙乎性；既发，则性行乎心之用矣。"于此窃亦有疑。盖性无时不行乎心之用，但不妨常有未行乎用之性耳。今下一"前"字，亦微有前后隔截气象，如何，如何？熟玩《中庸》，只消著一"未"字，便是活处，此岂有一息停住时耶？
只是来得无穷，便常有个未发底耳。若无此物，则天命有
已时，生物有尽处，气化断绝，有古无今久矣。此所谓天
下之大本，若不真的见得，亦无揣摸处也。（《朱文公文
集》卷三〇）

【系年】

此信系于乾道二年（1166），详见 Z3 系年。Z3 和 Z4 是中和旧
说最为重要的两通书信，如果说 Z3 的主旨是以体用理解未发已
发，未发为体、指性，已发为用、指心，那么 Z4 则是进一步吸收
湖湘学派独特的"体用一源"之说，指出未发、已发二者"无
间"。[1] 在此义理架构下，朱熹主张工夫只能在已发之心，不认为
存在程门杨时一系所主张的未发工夫，反对以"时""际""前"
等时间性的语词界定未发。

【疏证】

"此书所论尤乖戾"。以中和新说后的朱熹思想判释，则 Z3 和
Z4 所论皆误，甚至可以说，Z3 义理架构必然会推导出 Z4 仅重已
发的工夫论。不过大略而言，Z3 所论未发为性、已发为心，尚可
纳入中和新说，只需看到心兼有未发已发即可；而 Z4 彻底否定未
发工夫则实在突兀，即便未能深入思考何为未发已发之人，在工
夫实践中也能感觉到全无未发工夫的偏颇之处。在这个意义上，

---

[1] 《经济文衡》以为此篇主旨为"以天理无停住，发与未发接续无间"，见
滕珙编：《经济文衡》前集卷二〇。

朱熹以为 Z4 "所论尤乖戾"。这也符合理学义理建构中的常态，本体论层面的毫厘之辨或许不易看清，但这最终导致工夫实践层面的谬之千里。

"两物之蔽"。所谓"两物之蔽"，是张栻站在湖湘学派的立场，以为朱熹所表述的未发为性和已发为心尚有将性、心两分的弊端。① 湖湘学派也主张未发为性、已发为心，如胡宏在《与曾吉甫书》中明确说"未发只可言性，已发乃可言心"，也赞同性体心用；但湖湘学派的性、心非是二物，性体心用只是一物而二名，是一物自有体用，"指名其体曰性，指名其用曰心"，而非一物为体、一物为用。② 相比于湖湘学派性心自为体用的一元论立场，朱熹的中和旧说，虽然有近似表述，但尚有性自是性、心自是心的二元意味，这一点在讨论寂感之时尤为明显。

自程颐借助《易传》的"寂然不动、感而遂通"以阐发《中庸》经文，以说明何以未发之中因其寂然不动所以能为大本，已发之和因其感而遂通所以能为达道，在理学讨论中未发已发便与

---

① 学者多困扰于"两物之蔽"的实指，如牟宗三以为"张南轩何以觉得前书所论未发已发'尚有认为两物之蔽'，亦颇不好说"，参牟宗三：《心体与性体》下册，第 76 页。因对"两物之蔽"所指难有确定，学者对"人自有生四书"内部的先后义理亦颇难判定。

② 胡宏著，吴仁华点校：《胡宏集》，中华书局，1987 年，第 115 页、336 页。严格来说，本文所言"一物而二名"之"二名"也只是方便说法，意在说明非别有独立于用而存之体。唐宋以来，儒佛多言体用一源，如六祖慧能说"灯是光之体，光是灯之用，名即有二，体无两般"，相比于禅宗"名即有二"，程颐一方面说"体用自殊，安得不为二乎"，另一方面也说"论其所同，不容更有二名"，凡此种种，皆可得意忘言。

寂感问题密不可分。① 朱熹中和旧说以未发对应性、已发对应心，因此很自然便将寂然不动、感而遂通分派给未发之性、已发之心，所以朱熹在 Z3 中才有"寂然之本体则未尝不寂然也"的表述。但湖湘学派反对这种对应，尤其反对寂然不动可以对应未发。早在问学于杨时之时，胡宏就反对杨时以寂然不动说未发，后来又多次批评杨时、尹焞类似的看法。② 在胡宏看来，《易传》中论寂感之前，尚有"无思也、无为也"之语，因此寂然不动、感而遂通，很显然都是形容心的表述，而《中庸》讲未发之中，程颐又说"中者，所以状性之体段"，则未发、中显然都是形容性的，不能简单地将寂然不动对应于未发。③ 湖湘学派的定见，是以为寂然不动和感而遂通都是指心，并且是特指圣人之心，心可以有寂然不动、感而遂通的两种阶段，但未发、已发两者是体用一源，不可借用寂然之说而将性心再做隔截，胡宏在《与彪德美》信中所言"寂然不动感而遂通天下之故，与未发已发不同，体用一源，不于

---

① "'喜怒哀乐之未发谓之中'，中也者，言寂然不动者也，故曰'天下之大本'；'发而皆中节谓之和'，和也者，言感而遂通者也，故曰'天下之达道'。"（《二程集》，第319页）其实杨时也是承续师说，以为"中也者，寂然不动之时也，无物不该焉，故谓之大本；和也者，所以感通天下之故，故谓之达道"；侯师圣亦有近似之说。详《中庸辑略》，收录于《朱子全书外编》第1册，华东师范大学出版社，2010年，第19—20页。

② 《胡宏集》，第115页。按，此信中"二先生以未发为寂然不动"之"二先生"，是指杨时和尹焞，非指二程，参魏了翁撰，张全明校点：《鹤山先生大全文集》，《儒藏》（精华编）第243册，北京大学出版社，2022年，第1772页。

③ 《胡宏集》，第115页。

已发未发而分也",虽然表述太过简略,但所指即是此意。①

"只一念间已具此体用,发者方往,而未发者方来,了无间断隔截处,夫岂别有物可指而名之哉?"针对张栻"两物之蔽"的批评,朱熹并没有充分认识到湖湘学派的性体心用是一物而二名的体用关系,他尝试以一种极短暂的"一念间"同时兼有体用的方式来回应张栻两物隔截的批评。但朱熹中和旧说本就放弃了以时间性的方式解读未发已发,而在此时又试图以时间性的方式解决体用隔截的问题,这只能是一种权宜之计,既未能切中要害,在工夫实践中也很难着力于一念间,所以在 Z34 中朱熹自己也放弃了这一方式。

"然天理无穷,而人之所见有远近深浅之不一,不审如此见得又果无差否?"中和旧说的工夫论,是接受湖湘学派的先察识后涵养,虽然人心已发一念之中就可以呈露未发之性,但对于一念的察识毕竟如此短暂,朱熹尚不能确定,不同个体是否都能察识到同一的未发之性,并将之涵养巩固。

"所论龟山《中庸》可疑处,鄙意近亦谓然。"湖湘学派论杨时《中庸》学之核心,是以为杨时心、性不分,不能理解《中庸》所言之未发之"中"只能言性,而《易传》中的"寂然不动"只能言心,所以杨时《中庸解》才有"中也者,寂然不动之时也"这样混淆二者的表述。②

"又如所谓'学者于喜怒哀乐未发之际,以心验之,则中之体

① 《胡宏集》,第 135 页。
② 《胡宏集》,第 115 页。

自见'，亦未为尽善；大抵此事浑然，无分段时节先后之可言，今著一'时'字、一'际'字，便是病痛。"杨时在解《中庸》未发已发一句时，认为"学者当于喜怒哀乐未发之际以心体之，则中之义自见，执而勿失，无人欲之私焉，发必中节矣。发而中节，中固未尝亡（忘）也"。① 这是杨时最有代表性的工夫论表述，朱熹仅批评其上半截。严格来说，杨时是以心解未发、已发，而以性解中、和，主张心有未发、已发两种阶段，两阶段各有工夫，通过两种工夫最终可以体认中、和之性，这与湖湘学派以未发言性、已发言心有所不同。工夫最终都需要从心入手，湖湘学派和朱熹，并不反对以中为（性）体，也不反对通过工夫去体认中之体，但他们反对有所谓的未发工夫，由此杨时之说自然是"未为尽善"。因为中和旧说反对以时间性的方式理解未发，也不承认未发工夫，因此朱熹对于任何以"时""际"以及下文所言"前"字等时间性语词界定未发，都持否定态度。

朱熹思想虽不同于杨时和李侗，但未发工夫恰恰是程门道南一系自杨时开始的显著特征。程颐与门人苏季明、吕大临论中多有曲折，于未发工夫的表述也不够清晰显豁，自杨时明确"验夫未发气象"，才算将二程思想中的这一面发扬光大，如晚宋汤汉所言，这一点杨时贡献之大，"程门高弟罕能及之"。②

"当时只云'寂然不动之体'，又不知如何。"此句所指当为程颐《与吕大临论中书》最后一节所云"心一也，有指体而言者，

---

① 杨时撰，林海权校理：《杨时集》卷二一，中华书局，2018 年，第 564 页。

② 《杨时集》，第 1196 页。

寂然不动是也，有指用而言者，感而遂通天下之故是也"的前半
截。① 如果按照湖湘学派的心性义理架构，程颐这句颇难理解。程
颐明确认为心有体有用，心之体寂然不动，而湖湘学派则以为性、
心自为体用，那心之体是否即是性？湖湘学派主张寂然不动只可
言心，若心之体即性，那寂然不动岂非也可言性？此皆朱熹此时
所困扰难解处，所以去函求教于张栻。

"《语录》亦尝疑一处说'存养于未发之时'一句，及问者谓
'当中之时，耳目无所见闻'，而答语殊不痛快，不知左右所疑是
此处否？"此处所论涉及两段程颐语录，问者即苏季明，程颐答苏
季明论中时云"若言存养于喜怒哀乐未发之时，则可；若言求中
于喜怒哀乐未发之前，则不可"。② 程颐论中虽有含混处，但他认
为未发阶段可以有不刻意的"存养"工夫，只是反对在此时刻意
"求"中。而这一立场，若按照此时朱熹对于未发的判释，则颇难
契合。

"向见所著《中论》有云：'未发之前，心妙乎性；既发，则
性行乎心之用矣。'于此窃亦有疑。盖性无时不行乎心之用，但不
妨常有未行乎用之性耳。"所引《中论》是张栻的观点，张栻此说
承自胡宏"心妙性情之德"，妙即妙具之意。胡宏、张栻皆是为了
表明性、心是一物而二名，未发时即为性，已发后即为心，二者

---

① 《二程集》，第 609 页。
② 《二程集》，第 200 页。程颐论中（论中即包含心性、未发已发、相应工
夫等问题）最核心的材料为《与吕大临论中书》和答苏季明两条语录，
但程颐对于此议题也尚在思索之中，因此答语多有反复、未莹之处，这
也是朱熹因自己学术转变而对程颐相关语录是否可信、是否为门人误记
的态度有所反复的原因。

无丝毫隔截，亦无所谓分别独立存在的性或心。而朱熹此时尚不能明白他与湖湘学派的这一点区别，始终以性、心为两物，因此他总认为尚有独立于已发之心的未发之性。

"今下一'前'字，亦微有前后隔截气象，如何，如何？熟玩《中庸》，只消著一'未'字，便是活处，此岂有一息停住时耶？"张栻所言"未发之前"，只是站在未发已发一物而二名的立场，申明在心"已发之前"则为性。"未发之前"，既非先于未发的一个阶段，也非以时间性的概念理解未发。只不过朱熹此时对于任何加之未发的时间性表述都极为敏感，因此不能契入张栻所言的实质。朱熹以为理解未发的关键，即充分理解"未"字的非时间性特质，将未发理解为已发背后而非先后的永恒常在之性。而《中和旧说序》中朱熹所恍然大悟之"然其大体，莫非已发，特其未发者为未尝发尔"，"未尝发"不仅仅接续了此时不以时间性理解未发的立场，更进一步将未发已发视为一物二名。

"便常有个未发底耳"。虽然张栻对朱熹有"两物之蔽"的批评，但朱熹在此时的反思，可见他对于未发的理解的关键，仍是将未发理解为已发背后永恒常在的性。

Z34（诲谕曲折数条）

诲谕曲折数条，始皆不能无疑，既而思之，则或疑或信，而不能相通。近深思之，乃知只是一处不透，所以触处窒碍，虽或考索强通，终是不该贯。偶却见得所以然者，辄具陈之，以卜是否。

大抵日前所见、累书所陈者，只是侊侗地见得个大本达道底影象，便执认以为是了，却于"致中和"一句，全不曾入思议，所以累蒙教告以求仁之为急，而自觉殊无立脚下功夫处。盖只见得个直截根源，倾湫倒海底气象，日间但觉为大化所驱，如在洪涛巨浪之中，不容少顷停泊。盖其所见一向如是，以故应事接物处，但觉粗厉勇果，增倍于前，而宽裕雍容之气略无毫发，虽窃病之，而不知其所自来也。而今而后，乃知浩浩大化之中，一家自有一个安宅，正是自家安身立命、主宰知觉处，所以立大本、行达道之枢要，所谓"体用一源，显微无间"者，乃在于此。而前此方往方来之说，正是手忙足乱，无著身处。道迩求远，乃至于是，亦可笑矣。

《正蒙》可疑处，以熹观之，亦只是一病，如定性，则欲其不累于外物；论至静，则以识知为客感；语圣人，则以为因问而后有知，是皆一病而已。"复见天地心"之说，熹则以为天地以生物为心者也，虽气有阖辟，物有盈虚，而天地之心则亘古亘今，未始有毫厘之间断也。故阳极于外，而复生于内，圣人以为于此可以见天地之心焉。盖其复者，气也；其所以复者，则有自来矣。向非天地之心生生不息，则阳之极也，一绝而不复续矣，尚何以复生于内，而为阖辟之无穷乎？此则所论"动之端"者，乃一阳之所以动，非徒指夫一阳之已动者而为言也。"夜气"固未可谓之天地心，然正是气之复处，苟求其故，则亦可以见天地之心矣。（《朱文公文集》卷三二）

【系年】

此信系于乾道二年（1166），可参 Z3 系年。因此信中有"前此方往方来之说"，正对应 Z4"发者方往，而未发者方来"，因此学者多论定此信当系于 Z4 之后。

此信中有"大化之中，自有安宅"一句，而朱熹《答石子重》第五书云"'大化之中，自有安宅'，此立语固有病，然当时之意确实要见自家主宰处"，且此书起首便言"熹自去秋之中走长沙"，显指乾道三年朱熹湖南之行，因此钱穆以为 Z34 与《答石子重》当在同时，可系于乾道四年。① 陈来赞同《答石子重》系于乾道四年正月，但朱熹乾道三年十二月下旬方从湖南至家，不可能在乾道四年初即与张栻有"人自有生"四书往来，而《答石子重》书中所言"当时"二字，也可是忆旧之语，两书非在同时。②

Z34 中多论天地之心与夜气，朱熹《答何叔京》第八书中云"但钦夫极论复见天地之心，不可以夜气为比，熹则以为夜气正是复处，固不可便谓天地心，然于此可以见天地心矣"，③《答何叔京》第八书学者多系于乾道三年春，亦可佐证 Z34 不在湖南之行后。

此信可证，朱熹于中和旧说之中，尚有不同阶段，关键即在于朱熹是否由张栻"两物之蔽"的批评而领会到湖湘学派所论性体心用是一物而二名。若只是说未发为性、已发为心，却将性独立于心外，如 Z4 所言"不妨常有未行乎用之性"，又或者如 Z3 泛泛

---

① 钱穆：《朱子新学案》第 2 册，第 262 页。
② 陈来：《朱子哲学研究》，第 169 页。
③ 《朱文公文集》卷四〇，《朱子全书》（修订本）第 22 册，第 1818 页。

以天地间大化流行或者此大化流行背后之所以然为性，都不过是 侊侗所见，既不符合湖湘学派义理，也容易将工夫外求而不足以 切己修身，"殊无立脚下功夫处"。刘宗周以为 Z3 言道体，Z34 言 性体，所论亦大体近之。①

需要补充的是，自王懋竑始，Z34 和 Z35 一并被纳入"中和旧 说"中加以讨论，但如王懋竑所言，Z34 和 Z35 之被重视，当与晚 明理学尊朱、尊王两系对朱熹书信系年的争论有关。②

【疏证】

"乃知只是一处不透"。"一处不透"，即指朱熹虽以未发为性、 已发为心，看似符合湖湘学派义理，但却未能明白性、心为一物 而二名。此时朱熹方才明白此前张栻所批评的"两物之蔽"。若只 认得未发为性，便将未发之性视为可离开已发之心的大本，那便 不是真正了解性、心为何物，而只是"侊侗地见得个大本达道底 影象，便执认以为是了"。若以为有独立于心之性，那么可以推论 在工夫层面也当有独立于心之工夫的性之工夫，如此则与湖湘学 派始终从心入手的"先察识后涵养"工夫有异，因此朱熹在觉察 到这点后也认为自己此前所悟难以契入《中庸》所言"致中和" 的工夫。工夫既无下脚处，则所见再高妙，也终无"宽裕雍容" 的气象。而张栻所言"求仁"之方，正体现湖湘学派将工夫立定 于己心、以之为"立脚下功夫处"的特点。张栻屡言"为仁在己" "所以体当在己之实事，是求仁之要也"，不可视为一般儒家所言

---

① 刘宗周：《圣学宗要》，《刘宗周全集》第 2 册，243 页。
② 王懋竑撰，何忠礼点校：《朱熹年谱·考异》卷一，第 304—305 页。

为仁由己，而是有湖湘学派特定的"先察识后涵养"的要义。湖湘学派虽喜谈性，但也重求仁，张栻在乾道四年三月所作《胡子知言序》即云："不知求仁而坐谈性命，则几何其不流于异端之归乎！"①

值得补充的是，湖湘学派"先察识后涵养"的工夫，与其性体心用的义理架构密不可分。胡宏有一名言，"人有不仁，心无不仁"，② 此是顺承《孟子》"仁，人心也"一语而来，"心无不仁"之心，乃良心、本心，即作为性体心用中发见之心。胡宏以为"此心在人，其发见之端不同，要在识之而已"，③ 作为性体心用之心，必可见体，察识之要也在于识体。牟宗三以为，湖湘学派所论已发之心，乃良心发见之发，非一般喜怒哀乐七情之发，朱熹此时未能洞察这点，只是"优侗"所见。④ 牟宗三此说从义理判释上至为正确。朱熹思想成型后，以为"心无不仁"欠妥，当说"心有不仁，心之本体无不仁"；⑤ 又反对湖湘学派"欲为仁，必先识仁之体"，而主张更具体的"求仁之方"先于"识仁之体"，⑥ 皆能充分体现朱熹与湖湘学派所论心性的差别。但仅就中和旧说此时而言，朱熹与湖湘学派关于已发之心究竟为何的差异尚未暴露，朱熹所论"两物之蔽""一处不透""优侗地见得个大本达道底影象"，更多是自陈未能视性心为一物而二名。

① 张栻著，杨世文点校：《张栻集》卷一四，第 976 页。
② 胡宏著，吴仁华点校：《胡宏集》，第 311 页。
③ 胡宏著，吴仁华点校：《胡宏集》，第 335 页。
④ 牟宗三：《心体与性体》下册，第 97 页。
⑤ 《朱子语类》卷九五，第 2439 页。
⑥ 《胡宏集》，第 335 页。

"浩浩大化之中，一家自有一个安宅，正是自家安身立命、主宰知觉处，所以立大本、行达道之枢要，所谓'体用一源，显微无间'者，乃在于此。"此句所言"体用一源"，正可说明朱熹终于明白此前"两物之蔽"所指为何。若视未发之性可脱离已发之心，别为一物，虽可泛言大化流行之天命，但终不如依《中庸》"天命之谓性"之旨，体认到自家身上所化之性，以及依此所发之心。这既是自家安身立命、主宰知觉之本，也是"致中和"工夫立脚之处，性与心皆如此切近，自然不会"手忙足乱"，"道迩求远"。

"《正蒙》可疑处，以熹观之，亦只是一病，如定性，则欲其不累于外物；论至静，则以识知为客感；语圣人，则以为因问而后有知，是皆一病而已。"朱熹所谓《正蒙》"只是一病"，一如他此信起首自陈"一处不透"，皆是未能真正认识未发、已发为一物而二名，由此便不能正确理解自家之性与外物之间的关系。如此则生以物为累、以识知为客、以圣人之知有待于外等谬见。

"定性，则欲其不累于外物"指《正蒙》多视外物为"物累"，① 程颢《定性书》亦记张载所论为"以定性不能不动，犹累于外物"，② 朱熹或以为若如此，则性与物之关系对立意味太浓，甚至修身工夫亦会导向弃日用而求空寂之性。"论至静，则以识知为客感"指《正蒙·太和篇》中所云"太虚无形，气之本体，其

---

① 张载虽有民胞物与之说，但在修身工夫中，也主张应"忘物累而顺性命"，甚至以耳目为物累等，参张载著，章锡琛点校：《张载集》，中华书局，1978年，第18页、25页。

② 《二程集》，第460页。

聚其散，变化之客形尔；至静无感，性之渊源，有识有知，物交之客感尔"。①"语圣人，则以为因问而后有知"指《正蒙·中正篇》"圣人未尝有知，由问乃有知"。②

"复见天地心"。这是理学史上之重要议题，发端于程颐，而大成于朱熹。程颐有两说，朱熹亦有新旧两说，此不详述。此说源自《周易》复卦，复卦仅初九一阳爻，象辞云："复，其见天地之心乎！"《周易程氏传》于此释云："一阳复于下，乃天地生物之心也。先儒皆以静为见天地之心，盖不知动之端乃天地之心也。"③"先儒"即王弼，动、静孰为根本，这亦是玄学与理学之根本差异，程颐对此颇为自得，以为"自古儒者皆言静见天地之心，唯某言动而见天地之心"。④程颐更明确两点，"复卦非天地之心，复则见天地之心；圣人无复，故未尝见其心"，⑤二者后来皆成为南宋理学重要论争议题，尤以前者为要。后来朱熹、张栻多有讨论，后文将随文疏证。

程颐之说，有一内在张力，即"动而见天地之心"与"动之端乃天地之心"的"见""乃"之别。复卦初爻，程颐以为是阳气来复，属气而非理，他明确说"复之卦下面一画，便是动也，安得谓之静"，⑥从这个角度可以理解为阳气非天地之心，而只是可

---

① 《张载集》，第 7 页。
② 《张载集》，第 31 页。
③ 《二程集》，第 819 页。
④ 《二程集》，第 201 页。此是程颐与苏季明论中，在程门论中之时，即已与复卦相关联。
⑤ 《二程集》，第 85 页。
⑥ 《二程集》，第 201 页。

以由此"见"天地之心。朱熹顺承此说，以为"盖其复者，气也；其所以复者，则有自来矣"。但程颐又明确说"动之端乃天地之心"，"动"是阳气之动，那"动之端"是否即是阳气发动之初？若动之端属气之动，则与作为所以然者之天地之心不契。朱熹此时尚未全面厘清这一问题，但他对于"动之端"的理解，是将之属理而非属气，"此则所论'动之端'者，乃一阳之所以动，非徒指夫一阳之已动者而为言也"。

"故阳极于外，而复生于内。"所谓"阳极于外"指剥卦上九爻；"复生于内"则指承剥卦而来之复卦初九爻。

"'夜气'固未可谓之天地心，然正是气之复处，苟求其故，则亦可以见天地之心矣。"朱熹以为"夜气"作为气之一种，固然不是天地之心，但夜气之于旦昼纷扰，有近似于复卦一阳之于群阴的意味，也可由此见天地之心。朱熹于乾道三年春《答何叔京》第八书中，指出"钦夫极论复见天地之心不可以夜气为比，熹则以为夜气正是复处，固不可便谓天地心，然于此可以见天地心矣"，① 亦与此信相关。张栻何以认为夜气与复卦之阳气来复不同，颇难断定，或许是因为张栻与湖湘学派皆受《孟子》"夜气不足以存"一句影响，以为夜气若存若亡，非如一阳来复之生生不息。而朱熹受李侗影响，极重夜气工夫，所以力主夜气如复卦，可见天地之心。

---

① 《朱文公文集》卷四〇，《朱子全书》（修订本）第 22 册，第 1818 页。

Z35（前书所禀寂然未发之旨）

前书所禀寂然未发之旨，良心发见之端，自以为有小异于畴昔偏滞之见，但其间语病尚多，未为精切。比遣书后，累日潜玩，其于实体，似益精明，因复取凡圣贤之书，以及近世诸老先生之遗语，读而验之，则又无一不合。盖平日所疑而未白者，今皆不待安排，往往自见洒落处。始窃自信以为天下之理，其果在是，而致知格物、居敬精义之功，自是其有所施之矣，圣贤方策，岂欺我哉？

盖通天下只是一个天机活物，流行发用，无间容息。据其已发者而指其未发者，则已发者人心，而凡未发者皆其性也，亦无一物而不备矣。夫岂别有一物拘于一时、限于一处而名之哉？即夫日用之间，浑然全体，如川流之不息，天运之不穷耳。此所以体用精粗、动静本末，洞然无一毫之间，而鸢飞鱼跃，触处朗然也。存者，存此而已；养者，养此而已。"必有事焉而勿正，心勿忘，勿助长也"，从前是做多少安排，没顿著处，今觉得如水到船浮，解维正柂，而沿洄上下，惟意所适矣，岂不易哉？始信明道所谓"未尝致纤毫之力"者，真不浪语。而此一段事，程门先达惟上蔡谢公所见透彻无隔碍处，自余虽不敢妄有指议，然味其言亦可见矣。近范伯崇来自邵武，相与讲此甚详，亦叹以为得未曾有，而悟前此用心之左。且以为虽先觉发明指示，不为不切，而私意汩漂，不见头

绪,向非老兄抽关启键,直发其私,诲谕谆谆,不以愚昧
而舍置之,何以得此,其何感幸如之!区区笔舌,盖不足
以为谢也,但未知自高明观之,复以为如何尔。

　　《孟子》诸说,始者犹有龃龉处,欲一二条陈以请,
今复观之,恍然不知所以为疑矣。但"性不可以善恶
名",此一义,熹终疑之。盖善者,无恶之名,夫其所以
有好有恶者,特以好善而恶恶耳,初安有不善哉?然则名
之以善,又何不可之有?今推有好有恶者为性,而以好恶
以理者为善,则是性外有理,而疑于二矣。《知言》于
此,虽尝著语,然恐《孟子》之言本自浑然,不须更分
裂破也。《知言》虽云尔,然亦曰:"粹然天地之心,道
义完具。"此不谓之善,何以名之哉?能勿丧此,则无所
适不为善矣。以此观之,不可以善恶名,太似多却此一转
语。此愚之所以反复致疑而不敢已也。(《朱文公文集》
卷三二)

【系年】

　　此信系于乾道二年(1166),可参 Z3 系年。此信中末段提及
"盖善者,无恶之名",或与朱熹《答何叔京》第八书所论"善根,
无对之善也"在同时。《答何叔京》第八书学者多系于乾道三年
春,此信当稍早,亦可佐证中和旧说不在湖南之行后。

　　学者多以为《答何叔京》第三书中所论"天性人心,未发已
发,浑然一致,更无别物"一句契合中和旧说义理,但或许可以
进一步确认《答何叔京》第三书所论乃是中和旧说后一阶段的

观点。

朱熹中和旧说的观点，一言以蔽之是未发为性、已发为心，虽然 Z3、Z4、Z34 皆有此意，但明确点题则是 Z35 中"已发者人心，而凡未发者皆其性"一句。

关于此信在"人自有生四书"中的位置，多数学者以为此信即是最后一书，而牟宗三、陈来皆以为当为接续 Z3 的第二书。① 其理由大体有二，其一是此书起首云"前书所禀寂然未发之旨，良心发见之端"，与 Z3 最为契合，而与 Z4、Z34 论两物之蔽稍远，因此"前书"当指 Z3。不过"前书"或不必理解为特指某通书信，也可以是朱熹泛指此前多通书信。其二是 Z35 所论义理，甚至措辞，多同于 Z3。如最明显的证据莫过于 Z3 所言"是乃天命流行，生生不已之机，虽一日之间万起万灭，而其寂然之本体则未尝不寂然也。所谓未发，如是而已，夫岂别有一物限于一时、拘于一处而可以'谓之中'哉"；而 Z35 亦云："盖通天下只是一个天机活物，流行发用，无间容息。据其已发者而指其未发者，则已发者人心，而凡未发者皆其性也，亦无一物而不备矣。夫岂别有一物拘于一时、限于一处而名之哉？"但中和旧说时，朱熹思想尚未成型，讨论理学经典议题时，相似的文字未必代表相同的义理，一字之别可能即代表不同的思想。

研究者也多留意到 Z35 中朱熹诸多表述，颇有自得从容的气象，更像是思想阶段性成型的终点，而非起点。牟宗三虽承认此

---

① 牟宗三：《心体与性体》下册，第 87—88 页；陈来：《朱子哲学研究》，第 109 页。

信中朱熹一些表述"圆通无碍",但以为这不过是朱熹笼统颟顸之见,其一时之受用、自信与自得,皆光景耳,实靠不住。① 从朱熹最终放弃中和旧说的角度看,牟宗三所论并无问题,但是这并不妨碍我们在中和旧说内部进行比较,以判定 Z35 较之前三书,是否代表中和旧说系统内部更成熟的看法。当然,Z35 在"人自有生四书"中的位置,目前仍然难有铁证,下文所论,亦只聊备一说。

【疏证】

"前书所禀寂然未发之旨,良心发见之端,自以为有小异于畴昔偏滞之见,但其间语病尚多,未为精切。" Z3 之中朱熹屡以"寂然"对应"未发",而只字未提"性"。以后见之明固然可以说朱熹 Z3 所论寂然未发之旨就是性,但在中和旧说最初阶段,朱熹的思考重心仍然是接续李侗遗教思考何为未发,多泛泛以大本、本体来界定未发,② 而未必有明确的性心义理架构。通过对"两物之蔽"的反思,朱熹此时已不以寂然说未发,因此此处并非简单"复述" Z3 的观点,而是"回顾"此前错误的观点。所谓"语病尚多",即包括"两物之蔽",以及由此导致的言说"未为精切"。

"比遣书后,累日潜玩,其于实体,似益精明,因复取凡圣贤之书,以及近世诸老先生之遗语,读而验之,则又无一不合。"学者多以为此信朱熹未提张栻答书,而只说"比遣书后",因此此信或是朱熹在寄出 Z3 后,未及得到张栻答书又寄出一书,而后张栻

---

① 牟宗三:《心体与性体》下册,第89页。

② 朱熹在《答何叔京》第二书中,也未明确提及性心结构,而只是泛说大本、道体,而《答何叔京》第三书,则明确说"天性人心,未发已发,浑然一致,更无别物"。

才回信，朱熹再回信方是 Z4，因此 Z35 当在 Z3、Z4 之间，但此不足为据。"比遣书后"未必指 Z3，也可能是朱熹在给张栻写完 Z3 后，张栻批评朱熹尚有"两物之蔽"，而朱熹第一次回信即 Z4 所论依旧未能切中关键，甚至 Z34 所论也未能点明性体心用，所以朱熹才又经思考，寄出 Z35。Z35 中也有"向非老兄抽关启键，直发其私，诲谕谆谆"之语，更像是在此时已经过多通书信往来论学后的表述。

"致知格物、居敬精义之功"。此非泛论，而与湖湘学派特定工夫有关。程门论格物多有不同。《朱子语类》"近世大儒有为格物致知之说一段"目下首条，即总论吕大临、谢良佐、杨时、尹焞、胡安国、胡宏诸家之别。① 简言之，二程论格物致知，于"格外物"与"致己知"之间有一定的张力，湖湘学派如胡安国"物物致察，婉转归己"的偏外之说，与杨时以为外物岂可胜穷、更重反身而诚的偏内工夫，堪称程门格物致知论之两端。朱熹思想成熟后，主张格物致知当切己而不遗于物，对两者皆有吸收，亦各有批评，如以为胡安国"只求之于外"，以为杨时"不须外面求"，皆失之于偏。② 胡宏、张栻的格物致知之说与胡安国稍有不

---

① 《或问》中近世大儒格物致知之说曰："格，犹扞也，御也，能扞御外物，而后能知至道。"温公。"必穷物之理同出于一为格物。"吕与叔。"穷理只是寻个是处。"上蔡。"天下之物不可胜穷，然皆备于我而非从外得。"龟山。"'今日格一件，明日格一件'，为非程子之言。"和靖。"物物致察，宛转归己。"胡文定。"即事即物，不厌不弃，而身亲格之。"五峰。（《朱子语类》卷一八，第 416 页）《朱子语类》此段文字，非门人所录，而是门人删节朱熹《大学或问》而成，此是语类编纂之特例，参朱熹：《四书或问》，《朱子全书》（修订本）第 6 册，第 529—532 页。

② 《朱子语类》卷一八，第 417—418 页。

同，颇有内外兼备的特点，其中胡宏"节物取事（张栻作"即事即物"），身亲格之，以致其知"之说，重视"格外物"的特点亦是延续胡安国而来。①

"居敬精义"之"精义"一词，源自《系辞》"精义入神以致用"之说，湖湘学派发挥其说，将精义与日用连说，胡宏又添敬字，以"操吾心"为敬，有"君子居敬，所以精义"。② 胡宏此说之本义有含混处，易生歧见，朱熹在思想成熟后对湖湘学派论居敬与格物之先后也有所批评。但在此时，朱熹对胡宏之说甚为推崇，皆因其说有重已发之心在日用之发见的特点。朱熹于乾道元年前后《答江元适》第二、第三书之时，即援引胡宏之说，以为精义不可泛言"道之精体"，当聚焦日用作动词解，"所谓精云者，犹曰察之云尔"，"所谓义者，宜而已矣"，精义便是在日用之间精察事事物物之自然名分。③

"盖通天下只是一个天机活物，流行发用，无间容息。据其已发者而指其未发者，则已发者人心，而凡未发者皆其性也，亦无一物而不备矣。夫岂别有一物拘于一时、限于一处而名之哉？"学者多以此句与 Z3 所云"是乃天命流行，生生不已之机，虽一日之间万起万灭，而其寂然之本体则未尝不寂然也。所谓未发，如是

---

① 《胡宏集》，第 152 页；《张栻集》卷一五，第 987 页。朱熹思想成熟后，曾屡次批评胡宏"立志以定其本，居敬以持其志，志立乎事物之表，敬行乎事物之内，而知乃可精"之说是"遗了外面一边"，这是特指胡宏此句——尤其是"敬行乎事物之内"一句与朱熹敬贯动境内外相比有所偏失，参《朱子语类》，第 419 页。

② 《胡宏集》，第 22 页、41 页。

③ 《朱文公文集》卷三八，《朱子全书》（修订本）第 21 册，第 1702—1704。

而已，夫岂别有一物限于一时、拘于一处而可以‘谓之中’哉"
高度一致。不过两者之间仍有差异，其一如前文所论，Z3 中全然
不提性心义理架构，而 Z35 则明确以性、心解未发、已发。经过
"两物之蔽"的反思后，朱熹在使用看似与 Z3 近似的表述时，实
际上也有细微的差别，比如"只是一个""无间容息"以及"据其
已发者而指其未发者，则已发者人心，而凡未发者皆其性也"一
句中三下"其"字，恐都是针对张栻"两物之蔽"的批评所作的
改变，包括下文"体用精粗、动静本末，洞然无一毫之间"也是
如此。相比于 Z4 朱熹初次回应"两物之蔽"批评时，所言时间性
"一念之间"，此时朱熹的"无间容息""无一毫之间"可见其不
同。而 Z3 和 Z35 近乎全同的"夫岂别有一物拘于一时、限于一处
而名之哉""夫岂别有一物限于一时、拘于一处而可以‘谓之中’
哉"两句，所指也不相同：Z3 中朱熹是为了说明未发并非时间性
的已发之外另有一静止的未发阶段，而在 Z35 中朱熹则是为了说
明未发之性和已发之心是一物而二名。

　　学者多论中和旧说的要旨是"未发为性、已发为心"，但朱熹
并未在 Z3 中和旧说之初就亮明这一观点，而恰恰要到 Z35 才提炼
出这一思想，而其中的关键就在于朱熹反思张栻"两物之蔽"的
批评，从而真正接纳了湖湘学派的性体心用思想。"未发为性、已
发为心"的提出，是中和旧说的终点，而不是起点。

　　"始信明道所谓‘未尝致纤毫之力’者，真不浪语。" 此是程
颢《识仁篇》中语。①

---

① 《二程集》，第 17 页。

"程门先达惟上蔡谢公所见透彻无隔碍处"。指谢良佐亦主性体心用之说。谢良佐论心性多有此意，如说"性，本体也，目视耳听，手举足运，见于作用者，心也"，① 即是以性为"本体"、以心为"作用"的谢氏性体心用之说。朱熹此时虽然欣赏此说，但思想成熟后，则认为"性体心用之云，恐自上蔡谢子失之"。②

"《孟子》诸说，始者犹有龃龉处，欲一二条陈以请，今复观之，恍然不知所以为疑矣。"朱熹最终也未在给张栻的信中提及这些内容，已无可考。

"'性不可以善恶名'，此一义，熹终疑之。""性无善恶"是胡宏最有代表的观点之一。李侗去世后，朱熹为了探究何为未发，逐步接受了湖湘学派从性体心用解释未发、已发的思路，而在接受性体心用思想后，朱熹自然需要进一步面对湖湘学派"性无善恶"之说。此说虽承自二程，但与宋代理学普遍认同的性善论难免龃龉，朱熹思想成熟后也确实对此多有批评，但对于发端于何为未发的中和议题而言，此时朱熹的思考已经可以告一段落。

---

① 谢良佐撰，曾恬、胡安国辑录，朱熹删定，严文儒校点：《上蔡语录》卷上，朱熹撰，朱杰人、严佐之、刘永翔主编：《朱子全书外编》第3册，华东师范大学出版社，2010年，第2页。
② 《胡宏集》，第336页。

Z6（不先天而开人）

"不先天而开人，各因时而立政"，胡本"天"作"时"，钦夫云：作"天"字大害事。愚谓此言"先天"，与《文言》之"先天"不同。《文言》之云"先天""后天"，乃是"左右参赞"之意，如《左传》云"实先后之"，意思即在中间，正合天运，不差毫发，所谓啐啄同时也。此序所云"先天"，却是天时未至，而妄以私意先之，若耕获菑畲之类耳。两"先天"文同而意不同。"先天""先时"却初不异，但上言"天"，下言"人"，上言"时"，下言"政"，于文为协耳。

"窥圣人之用心"，胡本无"心"字。钦夫云：著"心"字亦大害事，请深思之。愚谓孟子言："尧、舜之治天下，岂无所用其心哉？"言用心，莫亦无害于理否？（《朱文公文集》

卷三〇)

【系年】

此信当在乾道二年（1166）。Z5、Z6、Z7、Z8、S15，和朱熹《答罗参议》第八书（□□极感留意）、《答刘共父》第一书（近略到城中）当在同时，皆在乾道二年秋冬至三年春夏间，对此学者多无疑义。① 但对于书信间彼此次第，仍可进一步讨论，陈来、任仁仁、顾宏义或多以为 Z5 在 Z6、Z7 甚至 Z8 之后。这一次序与两个问题相关，其一是朱熹与张栻关于程集的讨论，最终是达成一致还是依旧存有分歧，即 Z6 和 Z7 究竟应置于此组书信之首，亦或置于此组书信之末；其二是如何看待朱子文集卷三十中的次第，此卷是否真如王懋竑所言依时序编次。

此信中朱熹具体讨论程颐《春秋传序》中的两处问题，即"先天"和"圣人之心"胡宏所改两处是否妥当，亦是 Z7 所言"《春秋序》两处，观其语脉文势，似熹所据之本为是"。又，虽然汪应辰、刘珙二人不被视为理学家，但亦是广义上的理学共同体，且二人与朱熹颇有渊源。此数通书信，可见乾道初年理学共同体对于二程文献的整理与刊刻。乾道年间朱熹开始参与理学文献的整理，从此湖湘学派对于理学文献的影响力大幅衰退，理学文献整理开始以朱熹为主。②

---

① 其中具体涉及的朱熹、张栻论程集改字，束景南以为在乾道二年十至十二月间。详见束景南：《朱熹年谱长编》（增订本），第 364 页。

② 市川安司曾结合朱张书信，于书中专设"朱晦庵の校書"一章分析程集编订，参市川安司：『朱子哲學論考』，汲古書院，1985 年，第 253—270 页。

【疏证】

"不先天而开人，各因时而立政。"此语出自程颐《春秋传序》。因《易传·文言》中已有"先天而天弗违，后天而奉天时"一句，张栻以为此处若作"天"字，则"不先天"之说与《易传·文言》不合，不如依胡本改为"先时"；而朱熹以为程颐此处所言"先天"，与《易传·文言》所指不同，不必改。

"啐啄同时"。此为禅语，本指鸡方啄卵而雏已有声，多比悟道之时机应相扣，如影随形，如镜鉴物。① 理学家也不避此喻，但多重同时之意，如《朱子语类》中朱熹答门生论"先天而天弗违，后天而奉天时"一句时，亦用此喻。②

"耕获菑畬"。《周易·无妄》六二爻辞云："不耕获，不菑畬，则利有攸往。"朱熹《周易本义》解此爻云"柔顺中正，因时顺理，而无私意期望之心，故有'不耕获，不菑畬'之象，言其无所为于前，无所冀于后也"。③

"窥圣人之用心"。此语出自程颐《春秋传序》"夫观百物，然

---

① 参金迈淳：《朱子大全劄疑问目标补》卷五，"奎章阁资料丛书·儒学编"，首尔大学奎章阁韩国学研究院，2018 年，第 405—406 页。

② 问："'先天而天弗违，后天而奉天时。'圣人与天为一，安有先后之殊？"曰："只是圣人意要如此，天便顺从，先后相应，不差毫厘也。"因说："人常云，如鸡覆子，啐啄同时，不知是如此否？"时举云："家间养鸡，时举为儿童日，候其雏之出，见他母初未尝啄。盖气数才足，便自横迸裂开。有时见其出之不利，因用手略助之，则其子下来便不长进，以此见得这里一毫人力有不能与。"先生笑而然之。时举。（《朱子语类》卷六九，第 1731 页）

③ 垣内景子：「『朱子文集』訳註（二）」，『論叢·アジアの文化と思想』第 3 辑，1994 年，第 81 页。

后识化工之神；聚众材，然后知作室之用。于一事一义而欲窥圣人之用心，非上智不能也"，《周易程氏传》中亦有"圣人之用心"的表述。① 朱熹与张栻有分歧，如 Z7 所言，是因为张栻"谓用心非所以言圣人"。儒家经典本有圣人用心的表述，而胡宏另有"心可潜不可用"的说法，其后张栻屡与他人讨论湖湘学派此说与《孟子》中"尧舜之治天下，岂无所用其心哉"中尧舜用心之说的矛盾。② 胡宏所论"心可潜不可用"所指颇难断言。金迈淳以为此处可参看《朱子语类》中论胡氏弟子不喜言"用心"一条："今胡氏子弟议论每每好高，要不在人下。才说心，便不说用心，以为心不可用。至如《易传》中有连使'用心'字处，皆涂去'用'字。某以为，孟子所谓：'尧舜之治天下，岂无所用其心哉？'何独不可以'用'言也？"③

胡宏"心可潜不可用"与胡氏门人"以为心不可用"之说，或皆因"用心"的表述易使人产生近似"以心观心"的"二心之蔽"，胡宏《知言》中就有"以放心求心"之问答，友人致张栻的信中也有"心所以宰万物，如用之，果谁用之耶"之疑，朱熹在 Z7 认同"圣人用心"的表达后，也以为"然又须知即心即用，非有是心而又有用之者也"。④

---

① 《二程集》，第 584 页、809 页。

② 《张栻集》卷三一，第 1242 页；卷三二，第 1252 页。

③ 《朱子全刬疑辑补》卷三〇；《朱子语类》卷一〇一，第 2589 页。

④ 《胡宏集》，第 335 页；《张栻集》卷三二，第 1252 页。

Z7（别纸）（称侄固未安）

称"侄"固未安，称"犹子"亦不典。按《礼》有"从祖""从父"之名，则亦当有"从子""从孙"之目矣。以此为称，似稍稳当。虑偶及此，因以求教，非敢复议改先生之文也。与富公及谢帅书，全篇反复，无非义理，卒章之言，止是直言义理之效，感应之常。如《易》六十四卦，无非言吉凶祸福；《书》四十八篇，无非言灾祥成败；《诗》之雅、颂，极陈福禄寿考之盛，以歆动其君，而告戒之者尤不为少。《卷阿》尤著。孟子最不言利，然对梁王亦曰："未有仁义而遗后其君亲者。"答宋牼亦曰："然而不王者未之有也。"此岂以利害动之哉？但人自以私心计之，便以为利。故不肖者则起贪欲之心，贤者则有嫌避之意，所趣虽殊，然其处心之私则一也。若夫圣贤以大公至正之心，出大公至正之言，原始要终，莫非至理，又何嫌疑之可避哉？若使先生全篇主意专用此说，则诚害理矣。向所见教"同行异情"之说，于此亦可见矣。

《春秋序》两处，观其语脉文势，似熹所据之本为是。"先天"二字，卷中论之已详，莫无害于理否？理既无害，文意又协，何为而不可从也？"圣人之用"下著"心"字，语意方足，尤见亲切主宰处，下文所谓"得其意者"是也。不能窥其用心，则其用岂易言哉？故得其意，然后能法其用，语序然也。其精微曲折，盖有不苟然者矣。若谓用心非所以言圣人，则《孟子》《易传》中言圣人之用心者多矣。盖人之用处，无不是心，自圣人至于下愚一也，但所以用之者有精粗邪正之不同，故有圣贤下愚之别。不可谓圣人全不用心，又不可谓圣人无心可用，但其用也妙异乎常人之用耳。然又须知即心即用，非有是心而又有用之者也。（《朱文公文集》卷三〇）

【系年】

此信起首标注"别纸"，乃 Z6 之"别纸"，两书系于同时。信中朱熹继续讨论三个问题：犹子、程颐答富谢二人书、《春秋传序》。

【疏证】

"称'侄'固未安，称'犹子'亦不典。" 此指程颐所作《改葬告少监文》中有自叙叔父程琳"谨遣侄颐就坟所"以祭告之文，以及程颐所作《祭四十一郎文》中有"致祭于侄四十一郎之灵"之文，此两处"侄"字胡本程集皆作"犹子"。[①] 朱熹以为称"姪"与"犹子"皆可商榷，相较而言，不若仿《礼记·杂记》中"从祖""从父"之说，保留程颐旧文"犹子"即可。此一问题 Z8 中朱熹另有讨论，此不详述。

"与富公及谢帅书，全篇反复，无非义理，卒章之言，止是直言义理之效，感应之常。" "与富公及谢帅书"，即程颐所作《上富郑公书》《上谢帅师直书》。"卒章之言"指《上富郑公书》文末

---

① 《二程集》，第 661—662 页。

次段"诚能为之，天佑忠孝，必俾公炽昌寿臧，子孙保无疆之休"二十二字和《上谢师师直书》文末"匪惟先兄父子怀结草之报，当获上天之佑，后昆享繁衍盛大之福。不胜哀恳，颐皇恐上诉"二十四字，① 此两处文字胡本皆删去。胡安国或以为此两段文字有以利诱人之嫌，因此尽皆删去；而朱熹以为程颐两文通篇所论皆是义理，卒章所论也只是儒家经典所认同的"义理之效，感应之常"，存之亦可。

"向所见教'同行异情'之说，于此亦可见矣。""同行异情"是胡宏代表性观点，宋时烈以为朱熹这里是"谓言利则同，而其情则异，若程子之说专主于利害，则是人欲也，今出于大公至正，是天理也"。②

"'先天'二字，卷中论之已详。""卷中"前人有两说，其一以为二程文集卷中，其二以为是 Z6 这通信中，③ 当以后者为是。

"下文所谓'得其意者'是也"。指程颐《春秋传序》最末所云"俾后之人通其文而求其义，得其意而法其用"。④

Z5（昨见共父家问）

　　昨见共父家问，以为二先生集中误字，老兄以为尝经

---

① 《二程集》，第598页、612页。
② 《朱子大全劄疑辑补》卷三〇。
③ 《朱子大全劄疑辑补》卷三〇。
④ 《二程集》，第584页。

文定之手，更不可改，愚意未晓所谓。夫文定固有不可改者，如尊君父、攘夷狄、讨乱臣、诛贼子之大伦大法，虽圣贤复出，不能改也。若文字之讹，安知非当时所传亦有未尽善者，而未得善本以正之欤？至所特改数处，窃以义理求之，恐亦不若先生旧文之善。若如老兄所论，则是伊川所谓"昔所未遑，今不得复作，前所未安，后不得复正"者，又将起于今日矣。已作共父书详言之，复此具禀，更望虚心平气，去彼我之嫌，而专以义理求之，则于取舍从违之间知所处矣。

道术衰微，俗学浅陋极矣。振起之任，平日深于吾兄望之。忽闻此论，大以为忧。若每事自主张如此，则必无好问察言之理，将来任事必有不满人意处，而其流风余弊，又将传于后学，非适一时之害也。只如近世诸先达，闻道固有浅深，涵养固有厚薄，扩充运用固有广狭，然亦不能不各有偏倚处，但公吾心以玩其气象，自见有当矫革处，不可以火济火，以水济水，而益其疾也。

熹闻道虽晚，赖老兄提掖之赐，今幸略窥仿佛。然于此不能无疑，不敢自鄙外于明哲，故敢控沥，一尽所言。不审尊意以为如何？其详则又具于共父书中，幸取而并观之，无怪其词之太直也。（《朱文公文集》卷三〇）

【系年】

此信或在 Z6、Z7 之后，而在 S15 和 Z8 之前。信中有"昨见共父家问""其详则又具于共父书中"等语，当与朱熹《与刘共父

（近略到城中）》同时。《与刘共父（近略到城中）》书中有"又
'犹子'二字，前论未尽"，当指 Z7 中所简论；"向所录去数纸合
改处"当指 Z6、Z7，以及可能遗失的其他书信和朱熹寄给张栻、
刘珙的批校。此信中朱熹对于张栻坚持不校改胡本程集几处文字
表达了不满，但并未对程集改字的具体问题展开讨论，因朱熹已
经从刘珙寄给刘玶的信中得知张栻的相关意见，他给刘珙的回信
也进一步回应了相关问题。刘珙必会将朱熹的回信转交张栻，因
此朱熹在此信中仅大致表达其整体观点。

王懋竑以为《朱子文集》卷三十皆以时序编次，此论大体正
确，但其中个别书信仍可商榷，此信亦是一佐证。

【疏证】

"夫文定固有不可改者，如尊君父、攘夷狄、讨乱臣、诛贼子
之大伦大法，虽圣贤复出，不能改也。"指胡安国所作《春秋传》
之主旨，胡安国在《春秋传序》中即称其所发挥的《春秋》大义，
要在"尊君父、讨乱贼、辟邪说、正人心、用夏变夷"。

"若文字之讹，安知非当时所传亦有未尽善者，而未得善本以
正之欤？"宋时烈以为"文字"指程集。[1] 张栻或主张胡安国家传
程集自有其渊源，而朱熹当时用其他刻本校改程集，甚至有可能
包括李侗所藏传自杨时家中的本子，因此主张以旧本校改胡安国
家传本。S15 中，张栻也部分接受了朱熹以旧本校改的意见，以为
"程先生集既有旧本可据，当不惮改"。

---

[1]　宋时烈：《朱子大全劄疑》卷三〇，《宋子别集丛刊》，保景文化社，
2008 年。

"特改数处"。当指胡安国虽无文献依据，而以义理为据径改二程的数处文字，即《与刘共父（近略到城中）》信中所言"如《定性书》及《明道叙述》、上富公与谢帅书中删却数十字，及《辞官表》倒却次序，《易传序》改'沿'为'泝'，祭文改'侄'为'犹子'之类，皆非本文，必是文定删改"。在整理北宋理学文献时，朱熹并不反对理校之法，在和张栻论程集改字的几通书信中，他也多以义理为准，只是他认为胡安国所特改的数处，即便"以义理求之"，也不若程集旧文之善。

"昔所未遑，今不得复作，前所未安，后不得复正。" 此语出自程颐所作《论开乐御宴奏状》。①

"已作共父书详言之"。此即下文所言"其详则又具于共父书中"一句，"共父书"即指朱熹《与刘共父（近略到城中）》一书。

"近世诸先达"。《朱子大全劄疑辑补》以为微指胡安国。②

S15（辱示书）

辱示书，并见所与共甫书论校正二先生集事备悉，然有说焉。前次所校已即为改正七八，后来者虽尝见，共甫云老兄又送所校来，偶应之曰："若无甚利害，则姑存。此本乃胡氏所传者。"既而欲取一观，则亦因循，而共甫亦忘送来，此则不敏之过也。然岂谓胡氏本便更不可改

---

① 《二程集》，第553页。
② 《朱子大全劄疑辑补》卷三〇。

耶？前日答兄书，犹云后来者未曾见也。答书之次日，折
简征于共甫，而得详观，其间当改处甚多。方此参定，又
二日，而领来教。若以为一时答共甫之言忽而不敬，与夫
因循不敏之过则可，若谓有私意逆拒人，则内省无是也。
今以所校者改正近二百处矣。当时胡家本极错，已是与诸
公校过，常恨此间无别本，得兄校正，甚幸。如《定性
书》前后语岂可无？又如《辞崇政殿说书表》，当在上殿
札子之后，此极精当，能发明先生正大之体，有益于后
学。然其间有鄙意所未安，以为不当改者，亦不敢曲从。
如必欲以"泝流"为"沿流"，"犹子"为"侄"是也。
沿乃是循流而下，更无别说；泝流穷源，则可见用力底气
象也，试尝思之。称兄弟之子为侄，无他义，只是相沿称
耳；称犹子，犹或庶几焉。当时先生此两处称犹子，亦复
何害？若谓是文定改此两处，则胡为他处不改也？若此等
却望兄平心易气以审其是非焉。已作简共甫，并亦时有数
字注在所校卷子中，想共甫须送往。尚有欲改及可见告
者，毋惜，却签此卷见示，庶成完书耳。栻每念斯道知之
为难；知之矣，请事之功为难。气习之不易消化也，而可
长乎？人告之以有过则喜，此为进步于仁，仲由所以为百
世师也，况如浅陋？得来书警策之，甚幸。嗣此无替斯义
为望，栻亦不敢有隐于左右也。读所与共甫书，辞似逆诈
亿不信，而少含弘感悟之意，殆有怒发冲冠之象。理之所
在，平气而出之可也，如何如何？相察相正，朋友之道
也，吾曹当共敦之。

程先生集既有旧本可据，当不惮改，但心疑数处，亦当注"一作"于其下，所以存谦退敬让之心。下谕敢不深领。(《张栻集》卷二一)

【系年】

此信当在 Z5 和朱熹《与刘共父（近略到城中）》之后，信中张栻就朱熹在 Z5 和《与刘共父（近略到城中）》两通信中提出的批评进行了回应。此信起首处所云"辱示书，并见所与共甫书论校正二先生集事备悉"，前者指 Z5，后者指朱熹《与刘共甫（近略到城中）》，信中多处文字是回应此两通书信，详见疏证。

【疏证】

"然岂谓胡氏本便更不可改耶？"朱熹在《与刘共父（近略到城中）》书中批评张栻"如必以胡氏之书一字不可改易"，张栻由此回应自己不主张胡安国所定二程文本不可改易。

"与夫因循不敏之过则可，若谓有私意逆拒人，则内省无是也。"朱熹在《与刘共父（近略到城中）》书中起首就暗示湖湘门人不愿意采信他提出的对于胡氏家藏程集的校定意见，是出于私意，如说"（胡）伯逢主张家学，固应如此，熹不敢议"，并批评张栻也是"私意根株""一切逆拒"。[1] 张栻则回应称，他未能全部吸收朱熹的校订意见，或许有无意之间过于因循胡本之处，但绝无基于捍卫湖湘学派文本权威性而拒斥朱熹意见的私意。

"如《定性书》前后语岂可无？又如《辞崇政殿说书表》，当

---

[1] 《朱文公文集》卷三七，《朱子全书》（修订本）第 21 册，第 1616 页。

在上殿札子之后，**此极精当**。""《定性书》前后语"指胡安国家
传程集中，程颢所作《定性书》篇首缺"此贤者虑之熟矣，尚何
俟小子之言！然尝思之矣，敢贡其说于左右"二十六字，篇末缺
"心之精微，口不能宣；加之素拙于文辞，又吏事匆匆，未能精
虑，当否伫报，然举大要，亦当近之矣。道近求远，古人所非，惟
聪明裁之"五十字。朱熹在《与刘共父（近略到城中）》书中以
为，这数十字"虽非要切之辞"，与义理无涉，但颇能体现程颢气
象，若如胡本这般删去，"不过是减得数十个闲字，而坏却一个从
容和乐底大体气象"。① "《辞崇政殿说书表》，当在上殿札子之
后"，指程颐所作《辞崇政殿说书表》应在《乞再上殿论经筵事札
子》之后，朱熹对于胡本程集程颐所作"表疏"部分，以时序先
后为准，改动次序颇多，不限于此一例，观今本《二程集》目录
所附小字即可知晓。

　　"**如必欲以'沂流'为'沿流'，'犹子'为'侄'是也。**"张
栻以为朱熹的校改意见中，尤有两处"**不当改**"。"沂流""沿
流"，出自程颐所著《易传序》中所云"予生千载之后，悼斯文之
湮晦，将俾后人沂流而求源，此传所以作也"。② 张栻以为胡本程
集中"沂流"之"沂"字，更有工夫用力的意味，较之"沿"字
为佳，不必非以旧本校改。而程集之中多作"侄"字，仅有两处
作"犹子"，这恐是程颐原稿即如此，如真是胡安国所改，何以胡
安国仅改此两处为"犹子"，而其他依旧作"侄"？

---

① 《朱文公文集》卷三七，《朱子全书》（修订本）第 21 册，第 1616—
1617 页。

② 《二程集》，第 582 页。

"**所以存谦退敬让之心**"。Z8 中朱熹借张栻此语，反讽道"大抵熹之愚意，止是不欲专辄改易前贤文字，稍存谦退敬让之心耳"。

Z8 （论程集改字二十七日别纸）（伏蒙垂谕向论程集之误)

伏蒙垂谕向论《程集》之误，《定性书》《辞官表》两处已蒙收录，其它亦多见纳用，此见高明择善而从，初无适莫，而小人向者妄发之过也。然所谓"不必改""不当改"者，反复求之，又似未能不惑于心，辄复条陈，以丐指谕。

夫所谓"不必改"者，岂以为文句之间小小同异，无所系于义理之得失，而不必改耶？熹所论出于己意，则用此说可也。今此乃是集诸本而证之，按其旧文，然后刊正。虽或不能一一尽同，亦是类会数说，而求其文势语脉所趋之便，除所谓"疑当作某"一例之外，未尝敢妄以意更定一点画也，此其合于先生当日本文无疑。今若有尊敬重正而不敢忽易之心，则当一循其旧，不容复有毫发苟且迁就于其间，乃为尽善。惟其不尔，故字义迂晦者，必承误强说而后通；如"遵"误作"尊"，今便强说为"尊其所闻"之类是也。语句刊阙者，须以意属读然后备。如"尝食絮羹吒止之"，无"皆"字则不成文之类是也。此等不惟于文字有害，反求诸心，则隐微之间，得无未免于自欺耶？且如吾辈秉笔书事，唯务明白，其肯故舍所宜用之字而更用它字，使人强说而后通耶？其肯故为刊阙之句，使人属读而后备耶？人情不大相远，有以知其必不然矣。改之，不过印本字数稀密不匀，不为观美，而它无所害，然则胡为而不改也？卷子内如此处，已悉用朱圈其上，复以上呈。然所未圈者，似亦不无可取，方执笔时，不能不小有嫌避之私，故不能尽此心。今人又来督书，不容再阅矣，更乞详之可也。

所谓"不当改"者，岂谓富谢书、《春秋序》之属？而书中所谕"沿沂""犹子"二说，又不当改之尤者耶？以熹观之，所谓尤不当改者，乃所以为尤当改也。大抵熹之愚意，止是不欲专辄改易前贤文字，稍存谦退敬让之心耳。若圣贤成书稍有不惬己意处，便率情奋笔，恣行涂改，恐此气象亦自不佳。盖虽所改尽善，犹启末流轻肆自大之弊，况未必尽善乎？伊川先生尝语学者，病其于己之言有所不合，则置不复思，所以终不能合。答杨迪及门人二书，见《集》。今熹观此等改字处，窃恐先生之意尚有不可不思者，而改者未之思也。盖非特己不之思，又使后人不复得见先生手笔之本文，虽欲思之以达于先生之意亦不可得，此其为害，岂不甚哉？夫以言乎己，则失其恭敬退让之心；以言乎人，则启其轻肆妄作之弊；以言乎先生之意，则恐犹有未尽者而绝人之思。姑无问其所改之得失，而以是三者论之，其不可已晓然矣。老兄试思，前圣入太庙每事问，存饩羊，谨阙文，述而不作，信而好古，深戒不知而作，教人多闻阙疑之心为如何，而视今日纷更专辄之意象又为如何，审此，则于此宜亦无待乎熹之言而决，且知熹之所以再三冒渎，贡其所不乐闻者，岂好已之说胜、得已而不已者哉？熹请复论"沿泝""犹子"之说，以实前议。

夫改"沿"为"泝"之说，熹亦窃闻之矣。如此晓破，不为无力。然所以不可改者，盖先生之言垂世已久，此字又无大害义理，若不以文辞害其指意，则只为"沿"字而以"因"字、"寻"字、"循"字之属训之，于文似无所害，而意亦颇宽舒。必欲改为"泝"字，虽不无一至之得，然其气象却殊迫急，似有强探力取之弊。疑先生所以不用此字之意，或出于此。不然，夫岂不知"沿""泝"之别而有此谬哉？盖古书"沿"字亦不皆为顺流而下之字也。《荀子》云："反铅察之。"注云"铅"与"沿"同，循也。惜乎当时莫或疑而扣之，以袪后人之惑；后之疑者又不能阙而遽改之，是以先生之意终已不明，而举世之人亦莫之思也。大抵古书有未安处，随事论著，使人知之可矣；若遽改之以没其实，则安知其果无未尽之意耶？汉儒释经，有欲改易处，但云"某当作某"，后世犹或非之，况遽改乎？且非特汉儒而已。孔子删《书》，"血流漂杵"之文，因而不改，孟子继之，亦曰："吾于《武成》取二三策而已。"终不刊去此文以从己意之便也。然熹又窃料改此字者，当时之意亦但欲使人知有此意，未必不若孟子之于《武成》，但后人崇信太过，便凭此语涂改旧文，自为失耳。愚窃以为此字决当从旧，尤所当改。若老兄必欲存之，以见"泝"字之有力，则请正文只作"沿"字，而注其下云：某人云："沿"当作"泝"。不则云：胡本"沿"作泝。不则但云"或人"可也。如此两存，使读者知用力之方，改者无专辄之咎，而先生之微音余韵，后世尚有默而识之者，岂不两全其适而无所伤乎？

"犹子"之称谓不当改，亦所未喻。盖来教但云"侄"止是"相沿称之"，而未见其害义不可称之意，云称"犹子""尚庶几焉"，亦未见其所以庶几之说，是以愚瞽未能卒晓。然以书传考之，则亦有所自来。盖《尔雅》云："女子谓兄弟之子为侄。"注引《左氏》"侄其从姑"以释之，而反复考寻，终不言男子谓兄弟之子为何也。以《汉书》考之，二疏乃今世所谓叔侄，而传以父子称之，则是古人直谓之子，虽汉人犹然也。盖古人淳质，不以为嫌，故如是称之，自以为安。降及后世，则心有以为不可不辨者，于是假其所以自名于姑者而称焉。虽非古制，然亦得别嫌明微之意；而伯父、叔父与夫所谓姑者，又皆吾父之同气也，亦何害于亲亲之义哉？今若欲从古，则直称子而已。若且从俗，则伊川、横渠二先生者皆尝称之。伊川尝言："礼从宜，使从俗有大害义理处，则须改之。"夫以其言如此，而犹称"侄"云者，是必以为无大害于义理故也。故其遗文出于其家，而其子序之以行于世，举无所谓"犹子"云者，而胡本特然称之，是必出于家庭之所笔削无疑也。若曰"何故它处不改"，盖有不可改者，如祭文则有对偶之类是也。若以称"侄"为非，而改之为是，亦当存其旧文而附以新意，况本无害理，而可遽改之乎？今所改者出于《檀弓》之文，而彼文止为丧服兄弟之子与己子同，故曰"兄弟之子犹子也"，与下文"嫂叔之无服也，姑姊妹之薄也"之文同耳，岂以为亲属之定名哉？"犹"即"如"也，其义系于上文，不可殊绝明矣。若单称之，即与世俗歇后之语无异。若平居假借称之，犹之可也，岂可指为亲属之定名乎？若必以为是，则自我作古，别为一家之俗，夫亦孰能止之？似不必强挽前达，使之同己，以起后世之惑也。故愚于此亦以为尤所当改以从其旧者。若必欲存之，则请亦用前例，正文作"侄"，注云：胡本作"犹子"。则亦可矣。

《春秋序》、富谢书其说略具卷中，不知是否，更欲细论以求可否。此人行速，屡来督书，不暇及矣。若犹以为疑，则亦且注其下云，元本有某某若干字。庶几读者既见当时言意之实，又不掩后贤删削之功，其它亦多类此。幸赐详观，即见区区非有偏主必胜之私，但欲此集早成完书，不误后学耳。计老兄之意，岂异于此？但恐见理太明，故于文意琐细之间，不无阔略之处；用心太刚，故于一时意见所安，必欲主张到底，所以纷纷未能卒定。如熹则浅暗迟钝，一生在文义上做窠窟，苟所见未明，实不敢妄为主宰，农马智专，所以于此等处不敢便承诲谕，而不自知其僭易也。伏惟少赐宽假，使得尽愚。将来改定新本，便中幸自共父寄两本来，容更参定笺注求教。所以欲两本者，盖欲留得一本作底，以备后复有所稽考也。傥蒙矜恕，不

录其过而留听焉，不胜幸甚！幸甚！（《朱文公文集》卷
三〇）

【系年】

此信所论"不必改""不当改"，多合于 S15，足可证此信在
S15 之后。唯此信所注"二十七日别纸"，不知是何月。《朱子大
全劄疑辑补》以为此信"盖丁酉间书"，① 即淳熙四年（1177），
恐非是。信中朱熹与张栻再次商榷对方所主张的胡氏家藏程集
"不必改""不当改"之处，并详细讨论"沿沂""犹子"两例。

【疏证】

"如'遵'误作'尊'，今便强说为'尊其所闻'之类是也。"
程颐所著《代富弼上神宗皇帝论永昭陵疏》中有"不遵圣训、不
度事宜"一句，观文义当为"遵奉"之"遵"，论山陵之事援引祖
宗之法以为倚重，如此疏中另有"艺祖之法、循而性之""遵艺祖
之规"等文字；② 而胡本此处作"不尊圣训"，张栻或曾去信朱
熹，将此处以曾子"尊其所闻"作解。

"如'尝食絮羹叱止之'，无'皆'字则不成文之类是也。"
程颐所著《上谷郡君家传》中论及其母"毋絮羹"之教："尝食絮
羹，皆叱止之，曰：'幼求称欲，长当如何！'"③ 朱熹以为此处若
如胡本缺"皆"字，则文义不通。不过此处朱熹原文恐是"即"
字，而非"皆"字。作"皆"字此处文义依旧不通。《近思录》

---

① 《朱子大全劄疑辑补》卷三〇。
② 《二程集》，第 533—534 页。
③ 《二程集》，第 654 页。

收录程颐此文，诸版本多作"即"字。①

"**伊川先生尝语学者，病其于己之言有所不合，则置不复思，所以终不能合**。答杨迪及门人二书，见《集》。"程颐《答杨迪书》中云"孔孟之门人，岂能尽与孔孟同？唯其不敢信己而信其师之说，是以能思而卒同也"；随后《答门人书》中又云："今诸君于颐言，才不合则置不复思，所以终异也。不可便放下，更且思之，致知之方也。"②

"**故其遗文出于其家，而其子序之以行于世，举无所谓'犹子'云者**。"朱熹此处指程颐文集原为其子程端中所编，程端中所作序文中，有"使侄昂编次其遗文"一句，③ 即称"侄"而不称"犹子"。朱熹以此为佐证，证明胡本中"犹子"二字非出自程颐本人。

"**若单称之，即与世俗歇后之语无异**。"金昌协论歇后之义甚详。④ 大略言之，"歇后之语"，指自东汉六朝以来所惯用之隐语，宋人多以之为俗。

S16 （共甫之召）

共甫之召，盖是此间著绩有不可掩。然善类属望，在此行也。数日来，闻二竖补外，第未知所以如何。若上心

---

① 茅星来即云："'叱'上无'皆'字亦未至不成文理，依此作'即'字亦未为不可，不知朱子何见而云然也。"茅星来著，朱幼文校点：《近思录集注》，华东师范大学出版社，2015年，第199页。

② 《二程集》，第616—617页。

③ 《二程集》，第24页。

④ 《朱子大全劄疑问目标补》卷五，第408—410页。

中非是见得近习决不可逐道理分明，则恐病根犹在，二竖

去，复二竖生。不然，又恐其覆出为恶。若得有见识者，

乘此时进沃心妙论，白发其奸，批根塞源，洗党与一空

之，然后善类朋来，庶有瘳乎！（《朱文公文集》卷二一）

【系年】

此信应在乾道三年（1167）春。"二竖补外"即指乾道三年二

月龙大渊、曾觌外贬一事，此信当稍晚于此时，任仁仁、顾宏义、

杨世文皆据此系年。①

【疏证】

"二竖补外"。"二竖"，即孝宗所宠信的龙大渊和曾觌二人，

"补外"指二人在乾道三年二月因参知政事陈俊卿弹劾而外贬，

"癸酉，出龙大渊为江东总管，曾觌为淮西总管。甲戌，大渊改浙

东，觌改福建"。②

"病根犹在"。指宋孝宗对于近习的宠信尚未根除，这也是当

时理学共同体的共识。朱熹在乾道三年六月给即将进京的刘珙的

信中说"二奸虽去，气象全未回，盖上心犹以向来所为为是，未

有敢乘此痛言其非者"；在乾道三年十二月给已在京中任职的刘珙

信中说"大根大本处被群小坏得八九分以上了"。③ 之后孝宗朝政

---

① 杨世文：《张栻朱熹书信编年考证》，第 199 页；任仁仁、顾宏义编撰：
《张栻师友门人往还书札汇编》，第 218—219 页。

② 脱脱等撰，中华书局编辑部点校：《宋史》卷三四，中华书局，1985 年，
第 639 页。

③ 《朱文公别集》卷一，《朱子全书》（修订本）第 25 册，第 4832—4835 页。

治的发展，也验证了理学家对近习干政的担忧。

"**若得有见识者，乘此时进沃心妙论，白发其奸，批根塞源，洗党与一空之，然后善类朋来，庶有瘳乎！**"张栻希望刘珙等人，能趁龙、曾二人外逐，格正君心，从根本上解决近习政治的问题，这也是当时理学家群体的共同关切。刘珙得召但尚未入京之时，朱熹建议刘珙"若果造朝，以亟行为上，早得一日，是一日事，然今已似太迟，若更过此，则又无可说矣"。① 朱熹在乾道三年春《答何叔京（熹碌碌讲学亲旁）》信中说"近事一二传闻可庆，然大病新去，尤要调摄将护，不知左右一二公日夕启沃用何说耳，此又似可虑"；同年夏《答何叔京（奉亲遣日如昔）》中说"春间龙、曾皆以副帅去国，英断赫然，中外震慑，而在廷无能将顺此意者"。② 可见当时理学家极为留意是否能有重臣借势格正君心。朱熹和张栻、何叔京往来书信中，借三国诸葛瞻、黄皓之事，论人臣"极谏""死节"，张栻甚至以为若不去小人、不正君心，仅被动"冀其君之悟"，则为"不克孝""仅胜于卖国者耳"。③

所谓"批根塞源"，在理学家看来，孝宗朝的近习政治，关键在于孝宗本人君心不正，具体说即是"独断"。因为独断，所以孝宗施政才会重用近习，屡屡破坏正常的行政程序，才会重用兴利之臣。朱熹在《答何叔京（奉亲遣日如昔）》中说："近日狐鼠虽

---

① 《朱文公别集》卷一，《朱子全书》（修订本）第 25 册，第 4833 页。

② 《朱文公文集》卷四○，《朱子全书》（修订本）第 22 册，第 1819 页、1821 页。

③ 《朱文公文集》卷四○，《朱子全书》（修订本）第 22 册，第 1818 页、1820 页。

去主人，未知窒其穴，继来者数倍于前，已去者未必容其复来。但独断之权，执之益固，中书行文书，迄臣具员充位而已。"① 此信中朱熹批评近习之人谓"天下不患无财"即指王琪，"上近者损八十万缗筑扬州之城"，指当年五月宋孝宗绕开中书，直接让王琪修筑扬州城。② 所以刘珙进京之前，对于如何劝谏孝宗，理学家群体当有所商议，朱熹在给刘珙的信中即说"昨告邦彦（陈良翰）以所当论者，惟'独断'二字颇以为然"，③ 而刘珙入朝后，即"首论独断虽英主之能事，然必合众智而质之以至公，然后有以合乎天理人心之正而事无不成"。④

所谓"党与"，指当时朝堂之上依旧有近习之党，朱熹《答何叔京（承喻及味道堂记文）》中即说虽然龙、曾外贬，但"今其党与布护星罗，未有一人动"，⑤ 束景南以为即指洪迈、王琪和谢廓然等人。⑥

S14（共父相处二年）

共父相处二年，心事尽可说，见识但觉日胜一日，亦不易得，作别殊使人关情也。君臣之义，要须自尽，积其

---

① 《朱文公文集》卷四〇，《朱子全书》（修订本）第 22 册，第 1823 页。

② 《朱文公文集》卷九六，《朱子全书》（修订本）第 25 册，第 4465 页。

③ 《朱文公别集》卷一，《朱子全书》（修订本）第 25 册，第 4832 页。

④ 《朱文公文集》卷八八，《朱子全书》（修订本）第 24 册，第 4120—4121 页。

⑤ 《朱文公文集》卷四〇，《朱子全书》（修订本）第 22 册，第 1821 页。

⑥ 束景南：《朱熹年谱长编》（增订本），第 368 页。

诚意，庶几感通。是间若有一丝毫未尽，则诚意已分，乌能有动乎？孟氏敬王之义，所当深体也。所寄诸说亦略观，大概林择之思虑甚亲，可重可重！鄙意有欲言者不敢隐，容后便一一写去，共讲论也。近来此间相识，却是广仲、晦叔甚进。德美已入书院，生徒十五六人，但肯专意此事者极难得耳。（《张栻集》卷二一）

【系年】

任仁仁、顾宏义以为此信可系于乾道三年（1167）六月，当为刘珙离开长沙赴任临安之时。所谓"作别殊使人关情也"之"作别"，或实指张孝祥于当年六月至潭州接任刘珙之职，并与张栻等人一并饯送刘珙，张孝祥曾自述"乾道丁亥六月，余来长沙"，张孝祥饯送之辞即《于湖集》所收《湖南宴交代刘舍人》。束景南以为此信当在乾道三年一二月间，或是因朱熹所作刘珙行状中，提及刘珙是乾道三年正月得召赴京。① 不过刘珙得召与实际离湘赴京，其间或有数月之隔。

【疏证】

"孟氏敬王之义"。典出《孟子》，意指人臣当为人君直言仁义之道，此是敬王之大者；若以为其君不足以言仁义，这是慢诬其君。此时张栻、朱熹等人皆希望刘珙进京后，既要修己之诚意，也要直言格正君心。刘珙入京后，朱熹也去信刘珙立朝当勇于直谏，不可"迁延岁月、保持禄位"。

---

① 束景南：《朱熹年谱长编》（增订本），第 348 页。

"所寄诸说亦略观，大概林择之思虑甚亲。"陈来或以为这是指程集改字的内容。不过未见林择之有参与程集改字的文献，此时林择之问学朱熹门下，讨论的是一般理学义理亦未可知。林择之，即林用中，朱熹门人，陈荣捷以为，从游朱熹最久，书札往来之繁，堪比张栻、吕祖谦、吕祖俭、蔡元定。①乾道三年亦随朱熹同往湖南。

"广仲、晦叔"。广仲即胡实（1136—1173），晦叔即吴翌，皆胡宏门人高弟，朱熹在确定中和新说后，与湖湘学派多有分歧，与之多有论辩。

"德美已入书院，生徒十五六人。"德美即彪居正，湘潭人，胡宏弟子，年岁稍长其他门人，"南轩之下，即数先生，当时有彪夫子之称"。②刘珙乾道二年底重修岳麓书院后，彪居正曾任山长。或有学者以为"德美已入书院"指彪居正问学于张栻，恐非，当指彪居正任岳麓书院山长。所谓"生徒十五六人"，当指岳麓书院生徒。三年九月底，朱熹在抵达长沙后，曾去信曹晋书，也说"岳麓学者渐多，其间亦有气质醇粹、志趣确实者"。③

---

① 陈荣捷：《朱子门人》，华东师范大学出版社，2007年，第97页。
② 黄宗羲著，吴光点校：《宋元学案》卷四二，沈善洪主编：《黄宗羲全集》（增订版）第4册，第684页。
③ 《朱文公文集》卷二四，《朱子全书》（修订本）第21册，第1089页。

S3（示以所定祭礼）

示以所定祭礼，私心亦久欲为之，但以文字不备，及少人商量。今得来示，考究精详，甚慰。论议既定，须自今岁冬至行之乃安。但其间未免有疑，更共酌之。古者不墓祭，非有所略也，盖知鬼神之情状不可以墓祭也。神主在庙，而墓以藏体魄，体魄之藏而祭也，于义何居，而乌乎飨乎？若知其理之不可行，而徇私情以强为之，是以伪事其先也。若不知其不可行，则不知也。人主飨陵之礼始于汉明帝，蔡邕盖称之，以为盛事，某则以为与原庙何异？情非不笃也，而不知礼，不知礼而徒徇乎情，则躐废天则，非孝子所以事其先者也。某谓时节展省，当俯伏拜跪，号哭洒扫省视而设席陈馔，以祭后土于墓左可也。此所疑一也。祭不可疏也，而亦不可数也。古之人岂或忘其亲哉？以为神之之义或黩焉则失其理故也。良心之发，而

天理之安也。时祭之外，冬至祭始祖，立春祭先祖，季秋
祭祢，义则精矣。元日履端之祭亦当然也。而所谓岁祭、
节祠者，亦有可议者乎？若夫其间如中元，则甚无谓也。
此端出于释氏之说，何为徇俗至此乎？此所疑二也。大抵
今日之定祭仪，盖将祭之以礼者，苟无其理，而或牵于私
情，或狃于习俗，则庸何益乎？鄙见不敢隐，更幸精思，
却以见教，庶往复卒归于是而已。至于设席升降节文，皆
甚缜密稳当，它日论定，当共行之，且可贻之同志，非细
事也。（《张栻集》卷二〇）

【系年】

此信任仁仁、顾宏义以为在乾道四年（1168）初秋，杨世文、
束景南皆以为在乾道五年秋，殷慧以为在淳熙元年（1174），皆无
铁证，现暂系于此。[①] S3 与 Z9，内容皆为朱熹、张栻讨论朱熹所
定之祭礼。张栻在 S3 中反对朱熹祭礼中墓祭、节祠两方面，而朱
熹在 Z9 中回应了张栻的批评。此信无直接系年证据，学者多因朱
熹《答林择之（熹奉养粗安）》中"敬夫又有书理会祭仪，以墓
祭、节祠为不可"所指即为 S3，而辗转系年。

朱熹《答林择之（熹奉养粗安）》中云"得扩之朝夕讲论，相
助为多"，扩之即林允中，为林择之之弟。朱熹曾于乾道二年作

[①] 任仁仁、顾宏义编撰：《张栻师友门人往还书札汇编》，第 211 页；杨世
文：《张栻朱熹书信编年考证》，第 193 页；束景南：《朱熹年谱长编》
（增订本），第 422—424 页；殷慧：《礼理双彰：朱熹礼学思想探微》，
中华书局，2019 年，第 108 页。

《林用中字序》，数年后朱熹又作《林允中字序》，序中朱熹接续林用中请字之事，云"予时未识允中……明年扩之亦来"。陈来据此两序，以为后者所云"明年"即是乾道三年，由此将《答林择之（熹奉养粗安）》系于同年。①任仁仁、顾宏义亦据此两序，但以为此信当作于林用中乾道四年夏辞归应举而林允中侍学于朱熹之时。观两序文义，林扩之初次问学恐在乾道三年，但《答林择之（熹奉养粗安）》所言"得扩之朝夕讲论"未必即是问学之始。

束景南或以此信中所言"所定祭礼"，即朱熹《家礼》附录所载李方子曰"乾道五年九月，先生丁母祝孺人忧，居丧尽礼，参酌古今，因成《丧葬祭礼》"，从而将朱熹修订祭礼大体系于乾道五年七月至十一月，而朱熹《答林择之（熹奉养粗安）》中有"奉养"二字，则又当在九月祝氏去世之前，束景南以为宜在当年八月、九月间。但朱熹修订《祭说》，未必仅限于此年此时。乾道八年前后，张栻去信吕祖谦，亦谈及与朱熹往来讨论《祭仪》之事，以为："《祭仪》向来元晦寄本颇详，亦有几事疑，后再改来，往往已正，今录去。但墓祭一段，鄙意终不安。寻常到山间，只是顿颡哭洒扫而已，时祭只用二分二至，有此不同耳。家间方谋建家庙，异时庙成定祭礼，庶几正当伯恭所考，因来却幸见寄也。"②

此信诸家系年相隔两三年之间，但相比于中和旧说，此事系年与朱熹思想发展纠葛不深，此不深究。

---

① 陈来：《朱熹书信编年考证》（增订本），第45页。
② 《张栻集》卷二五，第1135页。

【疏证】

"古者不墓祭，非有所略也，盖知鬼神之情状不可以墓祭也。神主在庙，而墓以藏体魄，体魄之藏而祭也，于义何居，而乌乎飨乎？若知其理之不可行，而徇私情以强为之，是以伪事其先也。"在古代祖先祭祀实践中，有庙祭、墓祭两种。宋人以为祖先魂气寄于宗庙、家庙神主之中，庙祭之时方有子孙与祖先同类之气的感格，而墓穴之内仅藏祖先体魄，墓祭无从感格。由此，宋人亦多以为古无墓祭。但理学家对于宋代普遍存在的民间寒食上墓、官方十月上陵等墓祭现象，持有不同态度。[1] 程颐认为墓祭"但缘习俗，然不害义理"，朱熹以为墓祭"今风俗皆然，亦无大害"，皆主张对于墓祭可以从俗，不必强改。[2] 但湖湘学派反对墓祭，如胡寅以为："古者有庙享，无墓祭，而后世道晦礼失，以寒食拜扫为达孝之典常。先儒因谓礼虽未之有，亦同乎俗而不害于理。此说将以诱夫不知追远者耳，非经礼也。然则昭荣祖考之道，必区区然俎豆之于丘墟尸祝间，而后为慊欤！"[3] 胡寅所言"先儒"，即指程颐。此时张栻去信朱熹，所论论点即是典型的湖湘学派看法。

"人主飨陵之礼始于汉明帝，蔡邕盖称之，以为盛事，某则以为与原庙何异？"祭祀先祖本仅在宗庙，汉明帝首创上陵礼，又祭

---

[1]　宋人墓祭现象与理学家对于墓祭的一般性看法，可参郑嘉励：《读墓》"多层次的墓祭"一节，浙江人民出版社，2022 年，第 76—83 页；杨逸：《宋代四礼研究》"墓祭之争与礼文建构"一节，浙江大学出版社，2021 年，第 322—336 页。

[2]　《二程集》，第 241 页；《朱子语类》卷九〇，第 2321 页。

[3]　胡寅著，尹文汉点校：《斐然集》，岳麓书社，2009 年，第 415 页。

于帝陵。胡寅即批评云："明帝此举，盖生于原庙，蔡邕不折衷以圣人之制，而直论其情，情岂有既哉。"① 所谓"原庙"，"原"有"再"意，即于正庙之外别立一庙，非儒家经礼。张栻此处论点，依旧是承自湖湘学派，所以下文才说"祭不可疏也，而亦不可数也""神之之义或黩焉则失其理故也"，反对重复、繁琐祭祀，以为不当在庙祭之外另有墓祭。

"某谓时节展省，当俯伏拜跪，号哭洒扫省视而设席陈馔，以祭后土于墓左可也。"张栻以为宋时流行如元日、寒食、冬至墓祭，只可视为"时节展省"，即在墓前开敞的旷地上举行展省式的上坟活动，相关仪式的对象是敛藏先祖体魄的后土神，而非对先祖的正式祭祀。②

"时祭之外，冬至祭始祖，立春祭先祖，季秋祭祢，义则精矣。"张栻认为，四时祭之外，冬至祭始祖，立春祭先祖，季秋祭父庙，如此一年七祭即可。张栻以为朱熹所定祭礼中，尚有岁末之祭以及端午、中元、重阳等节日之祀等，皆过徇俗情、罔顾礼义、祭数近渎。③

Z9（祭说辨订精审）

《祭说》辨订精审，尤荷警发。然此二事，初亦致

---

① 胡寅著，刘依平校点：《读史管见》卷四，岳麓书社，2011 年，第 117 页。

② 参郑嘉励：《读墓》，第 77 页。

③ 参刘依平：《朱熹〈祭礼〉纂修经过与内容辑考》，《宗教学研究》，2021 年第 2 期，第 271—273 页。

疑，但见二先生皆有随俗墓祭不害义理之说，故不敢轻废。至于节祠，则又有说。盖今之俗节，古所无有，故古人虽不祭，而情亦自安。今人既以此为重，至于是日，必具肴羞相宴乐，而其节物亦各有宜，故世俗之情至于是日不能不思其祖考，而复以其物享之。虽非礼之正，然亦人情之不能已者。但不当专用此而废四时之正礼耳。故前日之意，以为既有正祭，则存此似亦无害。今承诲谕，以为黩而不敬，此诚中其病，然欲遂废之，则恐感时触物，思慕之心又无以自止，殊觉不易处。且古人不祭，则不敢以燕，况今于此俗节既已据经而废祭，而生者则饮食宴乐，随俗自如，殆非事死如事生、事亡如事存之意也。必尽废之然后可，又恐初无害于义理而特然废之，不惟徒骇俗听，亦恐不能行远，则是已废之祭拘于定制，不复能举，而燕饮节物渐于流俗，有时而自如也。此于天理，亦岂得为安乎？

夫三王制礼，因革不同，皆合乎风气之宜，而不违乎义理之正。正使圣人复起，其于今日之议，亦必有所处矣。愚意时祭之外，各因乡俗之旧。以其所尚之时、所用之物，奉以大盘，陈于庙中，而以告朔之礼奠焉，则庶几合乎隆杀之节，而尽乎委曲之情，可行于久远而无疑矣。至于元日履端之祭，礼亦无文，今亦只用此例。又初定仪时祭用分至，则冬至二祭相仍，亦近烦渎。今改用卜日之制，尤见听命于神、不敢自专之意。其它如此修定处甚多，大抵多本程氏而参以诸家，故特取二先生说今所承用

者，为《祭说》一篇，而《祭仪》《祝文》又各为一篇，
比之昨本稍复精密。缮写上呈，乞赐审订示及，幸甚。
（《朱文公文集》卷三〇）

【系年】

此书当系于乾道四年（1168），与 S3 前后相续。

【疏证】

"然此二事，初亦致疑，但见二先生皆有随俗墓祭不害义理之
说，故不敢轻废。""二事"即 S3 张栻所批评的墓祭和节祠两点。
此处先援引二程随俗墓祭不害义理的观点对墓祭之说加以辩护。

"至于节祠，则又有说。"朱熹为节祠所作具体辩护，颇能体
现朱熹在面对礼与理、礼与情、礼与俗等礼学张力时，走出过度
以礼经为准的汉唐礼学，而以"理"为"礼"之核心，主张"礼
者，天理之节文"，在实践中因时制宜、化俗为礼的践礼观，如信
中所言"皆合乎风气之宜，而不违乎义理之正"。①

"庶几合乎隆杀之节"。《朱子大全劄疑辑补》以为此处"隆
杀"特指"隆正祭而杀俗节也"。②

"又初定仪时祭用分至，则冬至二祭相仍，亦近烦渎。今改用
卜日之制，尤见听命于神、不敢自专之意。""祭用分至"即四时
祭之时间，原以春分、秋分、夏至、冬至这二分二至为准。但正祭

---

① 冯茜：《唐宋之际礼学思想的转型》，生活·读书·新知三联书店，2020
年，第418—438页；殷慧：《礼理双彰：朱熹礼学思想探微》，第402—
416页。

② 《朱子大全劄疑辑补》卷三〇。

之中还有"冬至祭始祖，立春祭先祖，季秋祭祢"，如此则冬至日有二祭，确显烦渎。冬至为一阳之始，与祭始祖相类，不宜变更，于是朱熹便在四时祭时以卜日之制另择吉日，以与冬至日始祖祭错开。卜日之法，可参《朱子家礼》"四时祭"条。①

Z10（所示彪丈书）

所示彪丈书论天命未契处，想尊兄已详语之。然彪丈之意，似欲更令下语，虽自度无出尊兄之意外者，然不敢不自竭以求教也。

盖熹昨闻彪丈谓"天命惟人得之，而物无所与"，鄙意固已不能无疑。今观所论，则似又指禀生赋形以前为天命之全体，而人物所受皆不得而与焉。此则熹之所尤不晓也。夫天命不已，固人物之所同得以生者也，然岂离乎人物之所受，而别有全体哉？观人物之生生无穷，则天命之流行不已可见矣。但其所乘之气有偏正纯驳之异，是以禀而生者，有人物贤否之不一，物固隔于气而不能知，众人亦蔽于欲而不能存，是皆有以自绝于天，而天命之不已者初亦未尝已也。人能反身自求于日用之间，存养体察以去其物欲之蔽，则求仁得仁，本心昭著，天命流行之全体固不外乎此身矣。故自昔圣贤，不过使人尽其所以正心修身

---

①　朱熹撰，吾妻重二汇校：《朱子家礼宋本汇校》，上海古籍出版社，2020年，第175—176页。

之道，则仁在其中，而性命之理得。伊川先生所谓"尽性至命必本于孝弟"，正谓此耳。《遗书》第十八卷一段论此甚详。夫岂以天命全体置诸被命受生之前、四端五典之外，而别为一术以求至乎彼哉？

盖仁也者，心之道，而人之所以尽性至命之枢要也。今乃言"圣人虽教人以仁，而未尝不本性命以发之"，则是以仁为未足，而又假性命之云以助之也。且谓之大本，则天下之理无出于此。但自人而言，非仁则无自而立，故圣门之学以求仁为要者，正所以立大本也。今乃谓"圣人言仁，未尝不兼大本而言"，则是仁与大本各为一物，以此兼彼而后可得而言也。凡此皆深所未喻，不知彪丈之意竟何如耳。

《知言》首章即是说破此事，其后提掇仁字，最为紧切，正恐学者作二本、三本看了。但其间亦有急于晓人而剖析太过、略于下学而推说太高者，此所以或启今日之弊。序文之作，推明本意，以救末流，可谓有功于此书而为幸于学者矣。尚何疑之有哉？

释氏虽自谓"惟明一心"，然实不识心体；虽云"心生万法"，而实心外有法。故无以立天下之大本，而内外之道不备。然为其说者，犹知左右迷藏，曲为隐讳，终不肯言一心之外别有大本也。若圣门所谓心，则天序、天秩、天命、天讨、恻隐、羞恶、是非、辞让，莫不该备，而无心外之法。故孟子曰："尽其心者，知其性也；知其性，则知天矣。存其心，养其性，所以事天也。"是则天人性命岂有二理哉？而今之为此道者，反谓此心之外别有大本，为仁之外别有尽性至命之方，窃恐非惟孤负圣贤立言垂后之意，平生承师问道之心，窃恐此说流行，反为异学所攻，重为吾道之累。故因来示得效其愚，幸为审其是否，而复以求教于彪丈，幸甚！幸甚！（《朱文公文集》卷三〇）

【系年】

此信暂系于乾道四年（1168）。胡宏《知言》首章即言"天命"，但其中湖湘学派之特色，却在首句后半截"仁者，心之道乎！惟仁者为能尽性至命"。① 乾道四年三月，张栻作《胡子知言序》，发明胡宏此论，反对佛教识心见性之说，批判佛教"高谈性命称仁者"，基于湖湘学派性体心用的义理架构，阐述求仁以尽心、尽心以成性的由下学而上达的基本工夫路径。② 而胡宏门下高弟彪居正也曾与胡宏论及相关议题，③ 或在此时去信批评张栻序中观点，彪居正原信不存，但《张栻集》中尚存张栻回信以及张栻致同门胡季立一书，皆与此相关。④ 张栻当将彪居正此信转致朱熹，所以朱熹给张栻的回信中，同样表达了对彪居正的批评，与张栻立场一致。

---

① 《胡宏集》，第 1 页。
② 《张栻集》卷一四，第 974—976 页。"高谈性命称仁者"本为胡宏辟佛诗句子，但可体现胡宏反对性命高悬、离为仁之方而空求性命的基本立场。参《胡宏集》，第 76 页。
③ 《胡宏集》，第 334—335 页。
④ 《张栻集》卷二五，第 1140—1141 页、1144 页。

此信陈来、任仁仁、顾宏义皆据朱熹乾道四年《答林择之（某侍旁粗安）》中提及"《文定祠记》《知言序》《遗书》二序并录呈"一句，以为 Z10 与《答林择之（某侍旁粗安）》当在同时。① 但此或非定论，关于《知言序》所作时间尚有斟酌余地。《张栻年谱》以为当在乾道元年，束景南以为当在绍兴三十二年（1162）前后，而四库本《张栻集》于此序最末有此系年。② 诸说皆非定论，暂系于此。

【疏证】

"夫天命不已，固人物之所同得以生者也，然岂离乎人物之所受，而别有全体哉？"朱熹以为，《中庸》首句虽言"天命之谓性"，但实则天命即存于人物之性中，不可离人物而别求所谓天命。而彪居正"天命惟人得之，而物无所与"之说，易使人将人物之差异，误解为有一高悬之天命，其施与之际，人物或得或不得。如持彪居正此种理解，则工夫容易导向忽略日用之间而专求高悬之天命。所以朱熹结句在"伊川先生所谓'尽性至命必本于孝弟'，正谓此耳"，即意在将"尽性至命"工夫归结于日用之孝悌。

张栻《答彪居正》中曾批评对方错断胡宏《知言》"自灭天命，故为己私"一段文字，彪居正如何错断文句已难确知，就义理推断，胡宏此句，本是批评佛教专"以心为宗、心生万法、万

---

① 《朱文公别集》卷六，第 4939—4940 页；陈来：《朱子哲学研究》，第 49—50 页；任仁仁、顾宏义编撰：《张栻师友门人往还书札汇编》，第 224 页。

② 王开琥、胡宗楙、高畑常信著，邓洪波辑校：《张栻年谱》，科学出版社，2017 年，第 41 页；束景南：《朱熹年谱长编》（增订本），第 333 页。

法皆心"，由此佛教明心而未知性，不如湖湘学派性体心用之说。所谓"自灭天命，故为己私"，可理解为自灭天命之性，而专修一己之私心。而彪居正对于胡宏此句的理解有偏差，他或许也反对如佛教一般专修一己之心，但他可能进一步主张当求高悬人心之外所谓天命之性。①

"盖仁也者，心之道，而人之所以尽性至命之枢要也。"此是化用《知言》首句后半截"仁者，心之道乎！惟仁者为能尽性至命"。②

"序文之作"。指张栻所作《胡子知言序》。张栻在此序中，备言胡宏"仁者，心之道也"，"惟仁者为能尽性命"，"不知求仁而坐谈性命，则几何其不流于异端之归乎"等语，③皆可切中彪居正之要害，所以朱熹说"序文之作……尚何疑之有哉"。

"释氏虽自谓'惟明一心'，然实不识心体；虽云'心生万法'，而实心外有法。故无以立天下之大本，而内外之道不备。"湖湘学派之辟佛，其义理关键在于以性体心用、心性一物而二名判释心性，既不以心为大本，也反对心外有性；在工夫上，既反对离开日用的明心，也反对离开日用的见性。如朱熹所言，"此心之外别有大本，为仁之外别有尽性至命之方"皆不可取。

朱熹与张栻论及湖湘学派辟佛时，二人心中当皆有《龟山志铭辩》中所录胡安国、胡宏父子一段颇有禅风的问答，兹录于此："宏又问：'佛之徒既是直指人心，见性成佛，何故却言人人失其

---

① 《胡宏集》，第9页；《张栻集》卷二五，第1140页。
② 《胡宏集》，第1页。
③ 《张栻集》卷一四，第974—976页。

本心，莫知所止?'答曰：'释氏自言直指人心，见性成佛。吾却言失其本心，莫知所止。大段悬远。'宏又问：'何故悬远?'答曰：'昔明道先生有言，以吾观于儒释，事事是，句句合。然而不同。'宏又问：'既云事事是，句句合，何故却不同?'答曰：'若于此见得，许汝具一只眼。'"①

---

① 朱熹著，戴扬本校点：《伊洛渊源录》卷一〇，《朱子全书》（修订本）第 12 册，第 1054—1055 页。

Z49（诸说例蒙印可）

诸说例蒙印可，而未发之旨又其枢要，既无异论，何慰如之。然比观旧说，却觉无甚纲领，因复体察得见此理须以心为主而论之，则性情之德、中和之妙，皆有条而不紊矣。

然人之一身，知觉运用莫非心之所为，则心者固所以主于身，而无动静语默之间者也。然方其静也，事物未至，思虑未萌，而一性浑然，道义全具，其所谓中，是乃心之所以为体，而寂然不动者也；及其动也，事物交至，思虑萌焉，则七情迭用，各有攸主，其所谓和，是乃心之所以为用，感而遂通者也。

然性之静也，而不能不动；情之动也，而必有节焉；是则心之所以寂然感通、周流贯彻，而体用未始相离者也。

　　然人有是心，而或不仁，则无以著此心之妙；人虽欲仁，而或不敬，则无以致求仁之功。盖心主乎一身，而无动静语默之间，是以君子之于敬，亦无动静语默而不用其力焉。未发之前是敬也，固已主乎存养之实；已发之际是敬也，又常行于省察之间。方其存也，思虑未萌而知觉不昧，是则静中之动，《复》之所以"见天地之心"也；及其察也，事物纷纠而品节不差，是则动中之静，《艮》之所以"不获其身、不见其人"也。有以主乎静中之动，是以寂而未尝不感；有以察乎动中之静，是以感而未尝不寂。寂而常感，感而常寂，此心之所以周流贯彻，而无一息之不仁也。然则君子之所以致中和而天地位、万物育者，在此而已。盖主于身而无动静语默之间者，心也，仁则心之道，而敬则心之贞也。此彻上彻下之道，圣学之本统。明乎此，则性情之德、中和之妙，可一言而尽矣。

　　熹向来之说，固未及此，而来谕曲折，虽多所发明，然于提纲振领处，似亦有未尽。又如所谓"学者先须察识端倪之发，然后可加存养之功"，则熹于此不能无疑。盖发处固当察识，但人自有未发时，此处便合存养，岂可必待发而后察，察而后存耶？且从初不曾存养，便欲随事察识，窃恐浩浩茫茫，无下手处，而毫厘之差，千里之缪，将有不可胜言者。此程子所以每言孟子才高，学之无可依据，人须是学颜子之学，则入圣人为近，有用力处，其微意亦可见矣。且如洒扫、应对、进退，此存养之事也，不知学者将先于此而后察之耶？抑将先察识而后存养也？以此观之，则用力之先后，判然可观矣。

来教又谓"动中涵静，所谓复见天地之心"，亦所未喻。熹前以复为静中之动者，盖观卦象便自可见，而伊川先生之意似亦如此。来教又谓"言静则溺于虚无"，此固所当深虑，然此二字，如佛者之论，则诚有此患。若以天理观之，则动之不能无静，犹静之不能无动也；静之不能无养，犹动之不可不察也。但见得"一动一静，互为其根，敬义夹持，不容间断"之意，则虽下"静"字，元非死物。至静之中，盖有动之端焉，是乃所以见天地之心者。而先王之所以"至日闭关"，盖当此之时，则安静以养乎此尔。固非远事绝物，闭目兀坐而偏于静之谓，但未接物时，便有敬以主乎其中，则事至物来，善端昭著，而所以察之者益精明尔。伊川先生所谓"却于已发之际观之"者，正谓未发则只有存养，而已发则方有可观也。

周子之言"主静"，乃就"中正仁义"而言，以正对中，则中为重；以义配仁，则仁为本尔。非四者之外别有主静一段事也。来教又谓熹言以静为本，不若遂言以敬为本，此固然也。然"敬"字工夫，通贯动静，而必以静为本，故熹向来辄有是语，今若遂易为敬，虽若完全，然却不见敬之所施有先有后，则亦未得为谛当也。

至如来教所谓："要须察夫动，以见静之所存，静以涵动之所本，动静相须，体用不离，而后为无渗漏也。"

此数句卓然，意语俱到，谨以书之座右，出入观省。然上两句次序似未甚安，意谓易而置之，乃有可行之实，不审尊意以为如何？（《朱文公文集》卷三二）

【系年】

此书暂系于乾道五年（1169）。此书与《朱子文集》所收《已发未发说》《与湖南诸公论中和第一书》，[①] 自清代王懋竑起，即已被视为朱熹中和新说的关键文献，牟宗三将之统称为"一说二书"。[②] 学者论"一说二书"，多系于乾道五年，且认为 Z49 当稍晚于《已发未发说》《与湖南诸公论中和第一书》。但此说或许将来有可商榷的余地，详见疏证。

较之中和旧说与"人自有生四书"，学者对于中和新说与"一说二书"的分歧较少，主要体现在两方面。第一，中和新说与"一说二书"内部，是否还有新旧说？王懋竑对此未作进一步分疏。牟宗三以为"一说二书"本质上没有区别，"其义一也"，只是文辞稍有不同，其中《已发未发说》和《与湖南诸公论中和第

---

① 《朱文公文集》卷六七，《朱子全书》（修订本）第 23 册，第 3266—3269 页；《朱文公文集》卷六四，《朱子全书》（修订本）第 23 册，第 3130—3131 页。

② 王懋竑撰，何忠礼点校：《朱熹年谱》卷一，第 39—47 页。牟宗三：《心体与性体》下册，第 120 页。王懋竑对于朱熹文献的判定，包括重视哪些文献，多与王阳明及阳明后学引发的朱王异同之争有关，可以视为后阳明时代朱子学者的纠偏，但或许太过陷溺于批评阳明学对于朱熹文献的误读，这种纠偏一定程度上偏离了朱熹文献的原貌。重新走出明清儒者对朱熹文献解读的结构性误区，仍然任重而道远，本书随文有所回应，但亦无法在本书中做全面的清理。

一书》基本算同一通书信，后者是前者的改写，而 Z49 则表述上
更加成熟。① 陈来则认为"一说二书"中，仍然可以进一步有所区
分，其中尤为关键的是将未发、已发视为心之阶段后，又逐步明
确其与性情的对应关系。② 第二，中和新说是否代表着朱熹的"定
见"。王懋竑以为朱熹在"一说二书"中，多"未定之论"。③ 牟
宗三极力反对王懋竑此说，专设《王懋竑认新说"亦多未定之论"
之非是》一节，逐条加以辩驳。④ 陈来以为，中和新说之时，朱熹
重心尚在确立未发时心的涵养工夫，而非性情之辨，今天学者所
常论之朱熹中和新说的"体系"，要到数年后朱熹与湖湘学派关于
《知言》和《仁说》的讨论时才得到进一步阐明。⑤ 不过较之于中
和旧说与"人自有生四书"中更具"原则性"的分歧，中和新说
的诸种分歧，依旧可以理解为对异同"程度"的不同判定。

Z49 的核心是前半通书信，为正面立说，其宗旨在"此理（实
指未发、已发）须以心为主"。后半通书信是回应张栻两点意见，
其一是察识、涵养之先后，其二则与·静"之诸说相关，但论静
也是为了讨论未发之时的工夫。

牟宗三在《心体与性体》中，因认定"一说二书"区别仅在
文辞，所以重点对《已发未发说》详加分疏，而对 Z49 较少着墨；

---

① 牟宗三：《心体与性体》下册，第 134 页。刘宗周则将 Z49 与《与湖南
  诸公论中和第一书》视为中和新说的核心文献，但以 Z49 为先。参刘宗
  周：《圣学宗要》，《刘宗周全集》第 2 册，第 241—244 页。
② 陈来：《朱子哲学研究》，第 176—180 页。
③ 王懋竑撰，何忠礼点校：《朱熹年谱·考异》卷一，第 311—312 页。
④ 牟宗三：《心体与性体》下册，第 141—160 页。
⑤ 陈来：《朱子哲学研究》，第 181 页。

本书体例，仅对朱张往来书信加以疏证，因此对《已发未发说》《与湖南诸公论中和第一书》不再单独处理，而重点分析 Z49，以详牟宗三之所略。

【疏证】

"诸说例蒙印可"。所谓"诸说"，如今学者多以为指的是中和新说阶段中较早的观点，如牟宗三就明确以为"'诸说'即指前《与湖南诸公书》中所表示各点而言"。① 在王懋竑将 Z49 纳入中和新说核心文献后，学者多有此看法。

但需要指出的是，在《西山读书记》"性情"条下，仅援引《已发未发说》《与湖南诸公论中和第一书》，而未提及 Z49；《经济文衡》是在卷一五"论心为一身之主"下援引 Z49，在卷二一"论未发已发之旨""再论已发未发之旨""论中之用不同""再答南轩在中之说"四目之下，则分别以 Z3、Z4、Z19、Z20 为主。金迈淳则更明确指出"诸说即上论仁说等诸条"，即以为是 Z43 至Z48 朱熹与张栻论仁的数通书信。② 诸家皆未将 Z49 视为中和新说的代表文献。

"比观旧说，却觉无甚纲领。"以牟宗三所解，此处"旧说"非指中和旧说，而是以《已发未发说》《与湖南诸公论中和第一书》为代表的中和新说的前期观点。朱熹认为《已发未发说》《与湖南诸公论中和第一书》主要是反思中和旧说，但缺乏对中和新说的正面立论，所以"无甚纲领"。Z49 后文所谓"熹向来之说，

① 牟宗三：《心体与性体》下册，第 136 页。
② 《朱子大全劄疑问目标补》卷六，第 451—452 页。

固未及此，而来谕曲折，虽多所发明，然于提纲振领处，似亦有未尽"，亦是同调。或许因 Z49 在《朱子文集》中，为朱熹答张栻书信的最后一通，信中又多"纲领""提纲振领"的表述，所以罗钦顺在与王阳明论辩之时，即以此信为"卷末一书，提纲振领，尤为详尽，窃以为千圣相传之心学，殆无疑出此矣"，引此书以反对王阳明所编《朱子晚年定论》之非。① 此后 Z49 在朱子学文献中，不断受到重视。

"因复体察得见此理须以心为主而论之，则性情之德、中和之妙，皆有条而不紊矣。"朱熹所论纲领，即是以心为主，具体包括以心言性情，以心言中和。"心妙性情之德"，乃胡宏语。② 学者多以为朱熹中和旧说是受湖湘学派影响，而中和新说则走出湖湘学派，自立新说；但中和新说之时，朱熹实际上仍然沿用了湖湘学派的许多表述。需要指出的是，严格来说，朱熹此时所论，仍然只是大概言之，依旧谈不上"皆有条而不紊"。

"然方其静也，事物未至，思虑未萌，而一性浑然，道义全具，其所谓中，是乃心之所以为体，而寂然不动者也；及其动也，事物交至，思虑萌焉，则七情迭用，各有攸主，其所谓和，是乃心之所以为用，感而遂通者也。"此时朱熹已经开始明确将"静""性""中""体""寂然不动"与"动""情""和""用""感而遂通"各自成组而对举，可见此时朱熹所理解的"中"仍然偏重未发，只是朱熹不赞成以"中"言"性"，而是以"中"言未发

① 罗钦顺著，阎韬点校：《困知记》，中华书局，2013 年，第 144 页。
② 胡宏：《胡宏集》，第 21 页。

之心；非如思想成熟时，中有二义，既有未发之中，也有已发之中。包括《已发未发说》《答湖南诸公论中和第一书》中论及未发之心，皆有"以其无过不及，不偏不倚，故谓之中"的表述，此时也未能如思想成熟时，以"不偏不倚"论未发之中，以"无过不及"论已发之中。此皆是朱熹中和体系架构已定，而细节尚待斟酌的体现。

中和新说义理架构形成后，朱熹需要厘清经典文本中的范畴、表述如何与新说的义理架构相匹配，这种厘清更多是技术层面的，真正实质性的挑战是朱熹此时尚未能很好地处理未发之前的心性之别。朱熹未放弃中和旧说时以未发言性，而增补了中和新说中的以未发言心，那么心之未发与作为心之体的性又是何种关系？陈来以为朱熹在中和新说时的未发已发包括两方面的意义，其一是心的未发已发，其二是性情的未发已发，不能直接认为心之未发就是性，心之已发就是情。[1]

"然人有是心，而或不仁，则无以著此心之妙；人虽欲仁，而或不敬，则无以致求仁之功。"此亦是针对胡宏而发。胡宏承孟子"仁也者，人也""仁，人心也"之说，以为"人有不仁，心无不仁"，将心作本心、良心解，而朱熹则以为"心或不仁"。湖湘学派多重求仁工夫，反对空谈性命而无求仁工夫，胡宏即作有《求仁说》，以为"《论语》一书，大抵皆求仁之方也"，[2] 中和旧说时，朱熹在 Z34 中也提及"累蒙"张栻"教告以求仁之为急"。朱

---

① 陈来：《朱子哲学研究》，第 179—180 页。
② 胡宏：《胡宏集》，第 197 页。

熹此时以湖湘学派的逻辑与张栻论辩。湖湘学派虽也言敬，但视心为已发，便以操心为敬，① 论敬偏向已发工夫；而朱熹论心兼涉未发已发，中和新说提炼出敬字，是贯通未发已发的整体工夫。

"仁则心之道，而敬则心之贞也。""仁者心之道"是胡宏语，朱熹在中和旧说后 Z10 信中已多讨论，但在此时，朱熹更多是借后半截"敬则心之贞"，以突显敬之工夫可以贯通心的未发、已发两阶段。王懋竑以为朱熹中和新说多未定之论，证据之一即是以为"仁者心之道，而敬则心之贞也"的表述，朱熹"后来都无此语"。② 牟宗三对王懋竑之说多有批评。稍可留意者是牟宗三认为，王懋竑之所以不喜"仁者心之道"的表述，可能是由于阳明学兴起后，此语易产生"心即理"的联想。③ 这颇能佐证本书所言，王懋竑诸多论断虽然考据详实，但也应特别警惕其中存有朱王学术之争背景下纠王学之偏而带来的误解。

"来教又谓'动中涵静，所谓复见天地之心'，亦所未喻。熹前以复为静中之动者，盖观卦象便自可见。"湖湘学派工夫在动察，张栻以复卦"复见天地之心"为证，意在说明此种动察工夫也非仅有动之工夫，而是"动中涵静"；朱熹则以卦象为例，认为复卦是上坤下震，震在坤中，所以应该是静中之动，即未发存养之时，"思虑未萌而知觉不昧"。

"周子之言'主静'，乃就'中正仁义'而言，以正对中，则

① 胡宏：《胡宏集》，第 22 页。
② 王懋竑撰，何忠礼点校：《朱熹年谱·考异》卷一，第 312 页。
③ 牟宗三：《心体与性体》下册，第 146 页。

中为重；以义配仁，则仁为本尔。非四者之外别有主静一段事也。"张栻质疑朱熹论未发工夫，可能会有佛老静溺之弊，朱熹则援引周敦颐的文字，以说明主静工夫是指在未发时存养中正仁义，而非如佛老另有一主静。

Z2（蒙示及答胡彪二书）

蒙示及答胡彪二书、吕氏《中庸辨》，发明亲切，警悟多矣。然有未谕，敢条其所以而请于左右：答广仲书，切中学者之病，然愚意窃谓此病正坐平时烛理未明、涵养未熟，以故事物之来无以应之。若曰于事物纷至之时，精察此心之所起，则是似更于应事之外别起一念，以察此心。以心察心，烦扰益甚，且又不见事物未至时用力之要，此熹所以不能亡疑也。儒者之学，大要以穷理为先。盖凡一物有一理，须先明此，然后心之所发，轻重长短，各有准则。《书》所谓"天叙"、"天秩"、"天命"、"天讨"，《孟子》所谓"物皆然，心为甚"者，皆谓此也。若不于此先致其知，但见其所以为心者如此，识其所以为心者如此，泛然而无所准则，则其所存所发，亦何自而中于理乎？且如释氏擎拳竖拂、运水般柴之说，岂不见此心？岂不识此心？而卒不可与入尧舜之道者，正为不见天理，而专认此心以为主宰，故不免流于自私耳。前辈有言，圣人本天，释氏本心，盖谓此也。

来示又谓心无时不虚，熹以为心之本体固无时不虚，然而人欲己私汩没久矣，安得一旦遽见此境界乎？故圣人必曰正其心，而正心必先诚意，诚意必先致知，其用力次第如此，然后可以得心之正而复其本体之虚，亦非一日之力矣。今直曰无时不虚，又曰既识此心则用无不利，此亦失之太快而流于异学之归矣。若儒者之言，则必也精义入神而后用无不利可得而语矣。

　　孟子存亡、出入之说，亦欲学者操而存之耳。似不为识此心发也。若能常操而存，即所谓"敬者纯"矣。纯则动静如一，而此心无时不存矣。今也必曰动处求之，则是有意求免乎静之一偏，而不知其反倚乎动之一偏也。然能常操而存者，亦是颜子地位以上人方可言此。今又曰识得便能守得，则仆亦恐其言之易也。明道先生曰，既能体之而乐，则亦不患不能守。须如此而言，方是颠扑不破，绝渗漏、无病败耳。高明之意，大抵在于施为运用处求之，正禅家所谓石火电光底消息也，而于优游涵泳之功，似未甚留意。是以求之太迫而得之若惊，资之不深而发之太露，《易》所谓宽以居之者，正为不欲其如此耳。愚虑及此，不识高明以为如何？（《朱文公文集》卷三〇）

【系年】

此信学者多认为与中和新说有关，所以多系于乾道五年（1169），今亦暂列于此。学者以为此信与中和新说有关，核心的证据就是信中"不见事物未至时用力之要"和"于优游涵泳之功，似未甚留意"的表述，是重视未发阶段涵养工夫。但这两句话虽然符合新说的主旨，但未必在新说之前就不会提及，朱熹有可能在误读李侗思想之时，就有此含糊表述。此信位于《朱子文集》答张栻义理书信第二封，而 Z1 系于隆兴二年（1164），Z3 和 Z4 系于乾道二年，Z2 若无铁证而系于乾道五年，终不能无疑。

【疏证】

"蒙示及答胡彪二书、吕氏《中庸辨》"。这或者可佐证 Z2 在 Z10 之后。

Za（昨所惠吴才老诸书）①

昨所惠吴才老诸书，近方得暇一观，始谓不过浅陋无取，未必能坏人心术如张子韶之甚。今乃不然，盖其设意，专以世俗猜狭怨怼之心窥圣人，学者苟以其新奇而悦之，其害亦有不胜言者。道学不明，无一事是当，更无开眼处，奈何！奈何！

元履十六日已到家，昨日遣书来，未暇往见之。然想其脱去樊笼，快适当如何也。诸公既不能克己从善，使人有乐告之心，又曲意弥缝，恐有失士之诮，用心如此，亦已缪矣。熹所与札子谩录呈，足以见区区，然勿示人，幸甚！

---

① 朱熹与张栻书信，有五封被单独收录于《朱文公文集》卷二四、卷二五中，这五通书信的主旨是论时事出处，因此单独标号为 Za 至 Ze，以保持卷三〇、卷三一、卷三二朱熹与张栻论学书信学界常用的第一、第二书编号。

（《朱文公文集》卷二四）

【系年】

此信系于乾道五年（1169）七月下旬。信中明确提及魏元履乾道五年七月去职之事，可作为系年线索，学者罕有疑义。

【疏证】

"吴才老诸书"。吴才老，即吴棫。①

"张子韶"。即张九成。

"元履十六日已到家"。指魏元履去职返乡之事，所谓"十六日"当指乾道五年七月十六日。乾道五年春，"魏元履以布衣为太学录，复请去荆公父子，而以二程从祀，陈正献公为相，难之"。②但魏元履去职不全为王安石父子、二程兄弟从祀之事，《朱子书节要》以为主要是因论罢曾觌而去职。③不过就魏元履所论之事，未必与陈俊卿、汪应辰完全相悖，只是魏元履性情耿介、言辞多激烈，因此多得罪陈俊卿、汪应辰而被迫去职。朱熹与魏元履自小相识，往来极为密切，对魏元履去职一事极为关切。虽然陈俊卿、汪应辰等高级官僚依旧赏识朱熹，但朱熹在给刘玶的信中批评"陈固无可观，汪亦碌碌"。④面对陈俊卿、汪应辰的出仕邀请时，朱熹坚辞的理由之一便是魏元履被贬之事，他在同年给汪应辰的

---

① 朱熹著，李滉节要，丁纪点校：《朱子书节要》卷一，岳麓书社，2017年。

② 《建炎以来朝野杂记》乙集卷四，第569页。

③ 朱熹著，李滉节要，丁纪点校：《朱子书节要》卷一。

④ 《朱文公文集》卷二四，《朱子全书》（修订本）第21册，第1105页。

信中即说"熹非敢视元履为去就，乃视诸公所以待天下之士者而为进退也"。①

"**诸公**"。指陈俊卿、汪应辰。②

---

① 《朱文公文集》卷二四，《朱子全书》（修订本）第 21 册，第 1103 页。
② 李滉：《朱子书节要记疑》卷一，"奎章阁资料丛书·儒学编"，首尔大学奎章阁韩国学研究院，2004 年，第 6 页。

Z11（春秋正朔事）

《春秋》正朔事，比以《书》考之，凡书月皆不著时，疑古史记事例只如此。至孔子作《春秋》，然后以天时加王月以明上奉天时、下正王朔之义。而加春于建子之月，则行夏时之意亦在其中。观伊川先生、刘质夫之意似是如此。但"春秋"两字乃鲁史之旧名，又似有所未通。幸更与晦叔订之，以见教也。（《朱文公文集》卷三一）

【系年】

此信在乾道六年（1170）四月一日。此信起首自注"四月一日"，未记具体年份；陈来以为 Z12、Z13、Z14 三书皆在乾道六年，因此 Z11 恐在乾道六年为近；任仁仁、顾宏义以为此信内容与乾道六年朱熹《答吴晦叔》第二书（别纸所询三事）相近。[①]

【疏证】

"凡书月皆不著时"。《春秋》义例有"春，王正月"四时与月连称，而如《尚书》等古史中无此体例。朱子此信，或意在批评湖湘学派如胡安国"夏时冠周月"之说。胡安国以为：周本行夏时而以子月为冬，但孔子不行夏时而以子月为春。皮锡瑞《经学通论》"论'王正月'是周正，胡安国'夏时冠周月'之说，朱子已矫正之"条颇有相关讨论，此不详述。[②]

"加春于建子之月，则行夏时之意亦在其中。"《论语》有孔子"行夏之时"语。按例，当如清人云"改正亦改时"。夏以建寅为正，商以建丑为正，周以建子为正，孔子作《春秋》，不显改周正，仍沿用周历。朱熹对此的解释颇为牵强，如他在《答吴晦叔》信中云，"非春而书春，则夫子有行夏时之意，而'假天时以立义'耳"，[③] 以为孔子强以十一月为春，此种勉强中反而体现了"行夏之时"之意。

S33（某黾勉为州）

　　某黾勉为州，不敢不敬，深惟圣人"心诚求之"与

---

① 陈来：《朱子书信编年考证》（增订本），第71—72页；任仁仁、顾宏义编撰：《张栻师友门人往还书札汇编》，第230页；《朱文公文集》卷四二，《朱子全书》（修订本）第22册，第1907—1909页。

② 皮锡瑞撰，张金平校注：《经学通论校注》，中国社会科学院出版社，2019年，第409—410页。

③ 《朱文公文集》卷四二，《朱子全书》（修订本）第22册，第1908页。

"以人治人"之义，庶几万一，而未之能也。幸人情粗相安，蚕麦差熟，丁税朝廷蠲末等无常产之输七万余缗，稍宽目前，但弊根不除，少须更力论之。惟是兴利之臣日进，将恐多所纷更，孤迹其可久于此耶？（《张栻集》卷二二）

【系年】

此信在乾道六年（1170），"某黾勉为州"及信中论丁税之事，皆可证此信是张栻在严州任上所作。

【疏证】

"丁税朝廷蠲末等无常产之输七万余缗"。张栻就任严州后，在《严州到任谢表》中就称严州为"素称瘠土，而其输赋，独重他州"，[1] 其施政得失即 Z12 朱熹所言"奏罢丁钱，此举甚美，初谓遂获蠲除，不知仅免一岁，虽亦不为无补，特非久远利耳。"[2]

"惟是兴利之臣日进，将恐多所纷更，孤迹其可久于此耶？"张栻此年给朱熹的另一封信中对于朝堂之上的人事进退多不乐观，如 S34 中说当时"正论极微""藐然之身"，此后在 S40 中也说"迹孤愈甚，侧目如林"。[3] 所谓"兴利之臣日进"，不知此时所指，但宋孝宗喜聚敛之臣，理学家多批评此时重利之策与用

---

① 《张栻集》卷八，第 858 页。
② 《朱文公文集》卷三一，《朱子全书》（修订本）第 21 册，第 1331 页。
③ 《张栻集》卷二二，第 1094 页、1099 页。

人取向，乾道六年十二月，张栻还极力批评史正志为发运使诸事。①

Z12（窃承政成事简）

　　窃承政成事简，暇日复有讲习之乐，英材心化，多士风靡，此为吾道之幸，岂特一郡之福哉！奏罢丁钱，此举甚美，初谓遂获蠲除，不知仅免一岁，虽亦不为无补，特非久远利耳。然熹窃谓有身则有庸，此近古之法，盖食王土，为王民，亦无终岁安坐，不输一钱之理，但不当取之太过，使至于不能供耳。今欲再奏，不若请令白丁下户每岁人纳一二百钱，四等而上，每等递增一二百，使至于极等，则略如今日之数，似亦不为厉民，而上可以不失大农经费之入，下可以为贫民久远之利，于朝廷今日事力亦易听从而可以必济，不审尊意以为如何？

　　似闻浙中诸郡有全不输算赋者，有取之无艺至于不可堪者。凡此不均，皆为未便，朝廷自合因此总会所入之大数，斟酌裁损而均平之，乃为尽善。至如尊兄前奏有不容援例之语，亦非愚心之所安也。聚敛之臣，诚可憎疾；为国家者，明道正义以端本于上，而百官有司景从响附于下，则此辈之材，寸长尺短亦无所不可用，但

---

① 王开琠、胡宗楙、高畑常信著，邓洪波辑校：《张栻年谱》，第17页；佚名撰，燕永成点校：《中兴两朝编年纲目》卷一六，凤凰出版社，2018年，第534页。

使之知吾节用裕民之意而谨其职守，则自不至于病民矣。今议者不正其本而唯末之齐，斥彼之短而自无长策以济目前之急，此所以用力多而见功寡，卒无补于国事，而虚为此纷纷也。

伯恭渐释旧疑，朋友之幸。但得渠于此有用力处，则岁月之间，旧病不患不除矣。此有李伯间者，名宗思。旧尝学佛，自以为有所见，论辨累年，不肯少屈。近尝来访，复理前语，熹因问之："天命之谓性，公以此句为空无一法耶？为万理毕具耶？若空，则浮屠胜；果实，则儒者是，此亦不待两言而决矣。"渠虽以为实，而犹恋著前见，则请因前所谓空者而讲学以实之。熹又告之曰："此实理也，而以为空，则前日之见误矣；今欲真穷实理，亦何藉于前日已误之空见而为此二三耶？"渠遂脱然肯捐旧习而从事于此。此人气质甚美，内行修饬，守官亦不苟，得其回头，吾道殊有赖也。前此答福州一朋友书，正论此事，书才毕而伯间至。不一二日，其言果验，亦可怪也，今以上呈。二人伯恭皆识之。深卿者，旧从伯恭游，闻其家学守之甚固，但闻全不肯向此学用功，正恐难猝拔也。
（《朱文公文集》卷三一）

【系年】

此信当在乾道六年（1170）春夏间。乾道五年冬，张栻因刘珙力荐而除知抚州，未及赴任，于十二月二十九日以右承务郎权发遣转授严州，至次年闰五月赴召，此信提及"政成事简""岂特一郡之福哉",可知当在严州任上,学者对此少有疑议。①

【疏证】

"奏罢丁钱,此举甚美,初谓遂获蠲除,不知仅免一岁。"指张栻到任严州后"首以丁盐钱绢太重为请,得蠲是岁半输"。②

"然熹窃谓有身则有庸,此近古之法,盖食王土,为王民,亦无终岁安坐,不输一钱之理。"张栻大约还有其他减免主张而朱熹以为太过,Zb中朱熹也说"丐免丁绢,期返牛羊之说,喧播远近,尤非小失,不可不戒"。③

"伯恭渐释旧疑"。朱熹Zb中曾言"伯恭于此何为尚有所疑",指"自治""复仇"国策之事,然此处所论并非此事,而是指朱熹《答吕伯恭》第四书(窃承进学之意甚笃)所论混淆儒佛者"其病在乎略知道体之浑然无所不具,而不知浑然无所不具之中,精粗本末、宾主内外,盖有不可以毫发差者"。④此时吕祖谦任严州州学教授,与张栻同在严州,因此朱熹信中多与二人论学,曾去信吕祖谦论及所作《太极图说解》《中庸首章说》。

"此有李伯间者,名宗思。旧尝学佛,自以为有所见,论辨累年,不肯少屈。近尝来访,复理前语。"李伯间,金迈淳以为当是李伯谏。⑤所谓"论辨累年",朱子文集中收录答李伯谏的书信最

---

① 陈来:《朱子书信编年考证》(增订本),第72页;任仁仁、顾宏义编撰:《张栻师友门人往还书札汇编》,第230页。
② 《朱文公文集》卷八九,《朱子全书》(修订本)第24册,第4135页。
③ 《朱文公文集》卷二五,《朱子全书》(修订本)第21册,第1109页。
④ 《朱文公文集》卷二五,《朱子全书》(修订本)第21册,第1110;《朱文公文集》卷三三,《朱子全书》(修订本)第21册,第1425页。
⑤ 《朱子大全劄疑问目标补》卷六,第415页。

早在隆兴二年（1164），该信颇长并且主旨是论儒佛之异，可见朱熹此时与李论儒佛，确已"论辨累年"。"近尝来访，复理前语"，据朱熹《答范伯崇》第十书可知，指乾道六年李伯谏曾与蔡元定一同来访，与朱熹"剧论儒佛之异"。[1]

　　"前此答福州一朋友书，正论此事，书才毕而伯间至。不一二日，其言果验，亦可怪也，今以上呈。"垣内景子以为"福州一朋友"指李泳。[2] 李泳，字深卿，福建人，为吕祖谦门人，为学多混杂儒佛。所谓"此事"，指的是朱熹在前不久刚在《答李深卿》信中以《中庸》首章"天命之谓性"为虚、为实之法，劝谏李泳弃佛归儒。[3] 随后李伯谏来访之时，朱熹也以此为说，李伯谏果因朱熹之说而弃佛就儒。

Zb（垂谕曲折）

　　垂谕曲折，必已一一陈之，君相之意果如何？今当有一定之论矣。伏蒙不鄙，令诵所闻，以裨万一，此见临事而惧之意。推是心也，何往不济？然此盖非常之举，废兴存亡，所系不细。在明者尚不敢轻，况愚昧荒迷之余，其何敢轻易发口耶？大抵来教，纲领极正当，条目亦详备，

① 《朱文公文集》卷三九，《朱子全书》（修订本）第 22 册，第 1785 页。

② 垣内景子：「『朱子文集』訳註（三）」，『論叢・アジアの文化と思想』第 4 辑，1995 年，第 51 页。

③ 《朱文公文集》卷四五，《朱子全书》（修订本）第 22 册，第 2067—2069 页。

虽竭愚虑，亦不能出是矣。顾其间有所未尽，计非有所不及，恐以为无事于言而不言耳，请试陈之：

夫《春秋》之法，君弑，贼不讨，则不书葬者，正以复雠之大义为重，而掩葬之常礼为轻，以示万世臣子，遭此非常之变，则必能讨贼复雠，然后为有以葬其君亲者。不则虽棺椁衣衾极于隆厚，实与委之于壑，为狐狸所食、蝇蚋所嘬无异，其义可谓深切著明矣。而前日议者，乃引此以开祈请之端，何其与《春秋》之义背驰之甚耶！又况祖宗陵寝、钦庙梓宫，往者屡经变故，传闻之说，有臣子所不忍言者，此其存亡固不可料矣。万一狡虏出于汉斩张耳之谋以误我，不知何以验之，何以处之？

熹昨日道间见友人李宗思，相语及此，李云："此决无可问，为臣子者，但当思其所以不可问之痛，沬血饮泣，益尽死于复仇，是乃所以为忠孝耳。"此语极当。若朝廷果以此义存心，发为号令，则虽瘖聋跛躄之人，亦且增百倍之气矣，何患怨之不报、耻之不雪、中原之不得、陵庙梓宫之不复，而为是纰缪倒置、有损无益之举哉！不知曾为上论此意，请罢祈请之行否？此今日正名举义之端，不可不审。万一果有如前所陈张耳之说，却无收杀，若前日之言未尽此意，当更论之，此不可放过也。

其他则所论尽之。但所谓德者当如何而修？所谓人才者当如何而辨？所谓政事者当如何而立？此须一一有实下功夫处。愚谓以诚实恭畏存心，而远邪佞、亲忠直、讲经训以明义理为之辅。凡廷臣之狡险逢迎、软熟趋和者，以渐去之；凡中外以欺罔刻剥、生事受宠者，一切废斥。而政令之出，必本于中书，使近习小人无得假托以紊政体。此最事之大者。又须审度彼己，较时量力，定为几年之规，若孟子大国五年、小国七年之说。其间施设次第，亦当一一子细画为科条，要使上心晓然开悟，知如此必可以成功，而不如此必至于取祸，决然不为小人邪说所乱，不为小利近功所移，然后可以向前担当，鞠躬尽力，上成圣主有为之志，下究先正忠义之传。如其不然，则计虑不定，中道变移，不惟不能成功，正恐民心内摇，仇敌外侮，其成败祸福，又非坐而待亡之比。家族不足惜，奈宗社何？此尤当审处，不可容易承当，后将有悔而不及者。愿更加十思，不可以入而后量也。

抑又有所献：熹幸从游之久，窃觌所存，大抵庄重沉密气象有所未足，以故所发多暴露而少含蓄，此殆涵养本原之功未至而然。以此虑事，吾恐视听之不能审，而思虑之不能详也。近年见所为文，多无节奏条理，又多语学者以所未到之理，此皆是病。理无大小，小者如此，则大者可知矣。又丐免丁绢、期反牛羊之说，喧播远近，尤非小失，不可不戒也。愿深察此言，朝夕点检，绝其萌芽，勿使能立，则志定虑精，上下信服，其于有为，事半而功倍矣。事之有失，人以为言，固当即改，然亦更须子细审其本末，然后从之为善。向见举措之间，多有一人言而为之，复以一人言而罢之者，亦太轻易矣。从之轻，则守之不固必矣。慕仰深切，不胜区区过计之忧，敢以为献，想不罪其僭易也。

虞公能深相敬信否？颇闻尚有湖海之气，此非廊庙所宜，愿从容深警切之，使知为克己之学，以去其骄吝之私，更进用诚实沈静之人，以自辅其所不足，乃可以当大任而成大功。不然，锐于趋事而昧于自知，吾恐其颠踬之速也。熹向得汪丈书，道虞公见问之意，时己遭大祸，不敢越礼言谢。今愿因左右效此区区，庶几不为虚辱公之问者。

伯恭于此何为尚有所疑？熹尝以为内修外攘，譬如直内方外，不直内而求外之方固不可，然亦未有今日直内而明日方外之理。须知自治之心不可一日忘，而复雠之义不可一日缓，乃可与语今世之务矣。(《朱文公文集》卷二五)

【系年】

此信当系于乾道六年（1170）六月。过往论者多以为此信在五六月间，核心理由是，乾道六年闰五月戊子（九日）宋廷遣范成大使金求陵寝地，并请更定受书礼；而张栻同年闰五月十七日赴召为吏部员外郎，于六月上书论罢祈请使一事，所以此信当在此之间。① 不过，张栻闰五月赴召入朝后，先于六月丁卯（十八日）有例行进对，与孝宗泛论近习、纲纪之事。② 或因当年五月左仆射陈俊卿因反对祈请使而被罢免，闰五月吏部尚书陈良佑亦因反对祈请使而被宋孝宗斥为"妄兴异论"，所以此时张栻未直接论

---

① 陈来：《朱子书信编年考证》（增订本），第71页；束景南：《朱熹年谱长编》（增订本），第433—434页。
② 《宋史全文》卷二五上，第2089页。

及祈请使之事。① 朱熹信中亦担心张栻"恐以为无事于言而不言耳"。或于六月二十六日，张栻方才上疏论罢祈请使。② 此信当在张栻进对与上疏之间，故系于六月。

【疏证】

"君相之意果如何?""君相"即指宋孝宗与虞允文，此时陈俊卿已出知福州。虞允文、陈俊卿并相之时，祈请之议主要出自虞允文。《宋宰辅编年录》载，"初，允文之始相也，建议遣使金房以陵寝为请。俊卿面陈以为未可，复手疏陈之。上感其言，事得少缓。至是，允文复申前议。一日，上以手札谕俊卿曰:'朕痛念祖宗陵寝沦于腥膻者四十余年，今欲遣使往请，卿意以为如何?'俊卿奏曰:'陛下焦劳万几，日不暇给，痛念陵寝，思复故疆，臣虽疲驽，岂不知激昂愤切，仰赞圣谟，庶雪国耻? 然性质顽滞，于国家大事，每欲计其万全，不敢轻为尝试之举。是以前者留班面奏，欲俟一二年间，彼之疑心稍息，吾之事力稍充，乃可遣使往返之间。又一二年，彼必怒而以兵临我，然后徐起而应之，以逸待劳，此古人所谓应兵其胜十可六七。兹又仰承圣问，臣之所见不过如此，不敢改词以迎合意指，不敢依违以规免罪戾，不敢侥

① 《宋宰辅编年录校补》卷一七，第 1206—1207;《宋史全文》卷二五上，第 2085 页、2088 页。
② 束景南以《续资治通鉴》"乾道六年六月乙亥"条下记有此事，以为张栻上疏论罢祈请使一事在六月二十六日。不过《续资治通鉴》或受《宋史全文》《皇宋中兴两朝圣政》误导，两书在"乾道六年六月乙亥"条记录赵廓之事后，另以"是月"为引语，将张栻上疏论罢祈请使一事系于赵廓条后，但这并不能说张栻上疏即在此日。参束景南:《朱熹年谱长编》（增订本），第 433—434 页;《宋史全文》卷二五上，第 2089—2090 页;孔学辑校:《皇宋中兴两朝圣政》卷四九，中华书局，2019 年，第 1094 页。

幸以上误国事，惟陛下察之。'继即杜门上疏，以必去为请。三上，乃许，出知福州。"①

"大抵来教，纲领极正当，条目亦详备。"所谓"纲领"与"条目"，《朱子大全劄疑辑补》以为"南轩将入对，先以书质之先生，盖以复仇绝和为纲领，修德立政、用贤养武、选将练兵为条目"。②

"夫《春秋》之法，君弑，贼不讨，则不书葬者"。《春秋》经文隐公十一年下，于隐公被弑仅书"公薨"而不书葬。《公羊传》以为，"《春秋》君弑，贼不讨，不书葬，以为无臣子也"。南宋时论及对金政策，时人多引此《春秋》义例。

"而前日议者，乃引此以开祈请之端，何其与《春秋》之义背驰之甚耶！""引此"，金迈淳以为未必指议者妄引《春秋》义例，"或以为此指掩葬之常礼，引字作引重意看"。③

"虞公能深相敬信否？"虞允文曾为张浚所荐，④ 而张栻此番入朝亦有虞允文之力，此时虞允文对张栻也颇为优待，因此朱熹此时对虞允文尚持观望态度，并在信中寄望于张栻能对虞允文"从容深警切之"。朱熹对虞允文"锐于趋事"的观察颇为准确。虞允文执政期间，无论是祈请使一事，还是之后的史正志发运使、张说签书枢密院诸事，都与理学家群体发生了激烈的冲突，以至于

---

① 《宋宰辅编年录校补》卷一七，第 1207 页。
② 《朱子大全劄疑辑补》卷二五。
③ 《朱子大全劄疑问目标补》卷四，第 296 页。
④ 《建炎以来朝野杂记》甲集卷八，第 161 页。

张栻面斥虞允文"宦官执政，自京、黼始，近习执政，自相公始"。① Zd 信中，朱熹亦以为"窃意虞公亦且缪为恭敬，未必真有信用之实"。

Zc（今日既为此举）

今日既为此举，则江、淮、荆、汉便当戒严以待，不知将帅孰为可恃者？近年，此辈皆以货赂倚托幽阴而得兵柄，漫不以国家军律为意。今日须为上说破此病，进退将帅，须以公议折中，与众共之，则军不待自练而精，财不待自节而裕矣。此张皇国威之本，不可不早虑也。

两淮屯田，两年来措置不知成伦绪否？议者纷纷，直以为不可，固不是议论，然亦恐任事者未必忠信可仗，其所措画未必合义理、顺人心，此亦不可不早为之所。向见范伯达丈条具夫田之说甚详，似可行于旷土，便为井地寓兵之渐，试询究其利病如何？

均输之政见上曾及之否？此决无益于事，徒失人心。今时州县，老兄所亲见，岂有余剩可划刷耶？

闽中之兵，春间忽有赴帅司团教指挥，七郡劳遣，所费不赀，然后肯行，至彼又无营寨止泊，闻极咨怨，出不逊语。此等举动，诚不可晓。

昨日道间又见奉行强盗新法者，杀伤人、犯奸、纵火

---

① 《宋史》卷四二九，第 12773 页。

皆死，此固无疑于当戮，但赃满之限亦从而损之，此似太过。盖所以改此法，正以人之躯命为重耳。今乃一例为此刻急，则人但见峻文之迹，而未察乎所以爱人之心者，亦不得不骇矣。不若改此一条，使赃满之数比旧法又加宽焉，以见改法之本意，所重乃在人之躯命，而不在乎货财，则彼微有贪生惜死之情者，为恶将有所极，而人之被劫者，亦或可以免于杀伤之祸、污辱之耻矣。又经贷命而再犯者，杀之似亦太过，不若斩其左足，使终身不复能陆梁。全生之仁，禁非之义，并行不悖，乃先王制刑督奸之本意也。忧居穷寂，不闻外事，接于耳目者，仅有此耳。——荐闻，幸少留意。（《朱文公文集》卷二五）

【系年】

此信在 Zb 之后，历来皆无疑义。不过束景南以为此信尚在乾道六年（1170）闰五月，任仁仁、顾宏义以为在六月间，恐以后者为是。① 范成大作为祈请使于六月十五日离开临安，此信当在六月十五日前。

【疏证】

"今日既为此举"。"此举"即宋廷遣祈请使一事。

"幽阴"。《朱子大全劄疑辑补》以为即宦官宫妾等近习一党。②

---

① 束景南：《朱熹年谱长编》（增订本），第 433 页；任仁仁、顾宏义编撰：《张栻师友门人往还书札汇编》，第 239 页。
② 《朱子大全劄疑辑补》卷二五。

"**两淮屯田，两年来措置不知成伦绪否？**"金迈淳以为此指乾道五年陈俊卿建议措置两淮屯田一事。① 《宋史全文》此年正月条下载："是月，徐子寅新知无为军，陈献屯田利害，上以其可采，遂除大理正，充措置两淮屯田官。"②

"**范伯达**"。即范如圭，范与理学家群体往来极为密切，为胡安国之外甥，其女婿为刘玶，胡宏、朱熹皆有祭文。

"**均输之政见上曾及之否？此决无益于事，徒失人心。今时州县，老兄所亲见，岂有余剩可划刷耶？**"所谓"均输之政"即指宋孝宗、虞允文复置发运司以敛州县之财一事。③《建炎以来朝野杂记》"发运使"条载："乾道六年，虞丞相当国，三月，奏复发运司，以户部侍郎史正志为江、浙、京、湖、淮、广、福建等路都大发运使。朝论不以为宜，汪圣锡、黄通老二尚书言之尤力，执政皆不之听。然正志实无能为，但峻督诸司、州郡多取羡财而已。其年十二月，正志以奏课诞谩贬，乃复废发运使焉。"④ 除了汪应辰、黄中，张栻亦反对复置发运使，《宋史》张栻本传载："会史正志为发运使，名为均输，实尽夺州县财赋，远近骚然，士大夫争言其害，栻亦以为言。上曰：'正志谓但取之诸郡，非取之于民也。'栻曰：'今日州郡财赋大抵无余，若取之不已，而经用有阙，不过巧为名色以取之于民耳。'上矍然曰：'如卿之言，是朕假手

---

① 《朱子大全劄疑问目标补》卷四，第 296 页。
② 汪圣铎点校：《宋史全文》卷二五上，中华书局，2016 年，第 2070 页。徐子寅知无为军，非在乾道五年正月，至少在乾道四年十一月，宋孝宗即已遣徐知无为军措置楚州官田，参《宋史》卷三四，第 644 页。
③ 《朱子大全劄疑问目标补》卷四，第 296 页。
④ 《建炎以来朝野杂记》甲集卷一一，第 223—224 页。

于发运使以病吾民也。'旋阅其实，果如栻言，即诏罢之。"①

"又见奉行强盗新法"。此指宋孝宗乾道四年十一月，严盗贼法，同月指挥勿行，至乾道六年正月复此强盗新法。②

Zd（奏草已得）

奏草已得，窃观所论，该贯详明，本末巨细，无一不举。不欲有为则已，如欲有为，未有舍此而能济者。但使介遂行，此害义理、失几会之大者。若虏人有谋，不拒吾请，假以容车之地，使得往来朝谒，不知又将何以处之？今幸彼亦无谋，未纳吾使，不若指此为衅，追还而显绝之，乃为上策。若必待彼见绝而后应之，则进退之权初不在我，而非所以为正名之举矣。尊兄所论虽不见却，然只此一大节目，便已乖戾，而他事又未有一施行者。窃意虞公亦且缪为恭敬，未必真有信用之实，不若早以前议与之判决，如其不合，则奉身而退，亦不为无名矣。盖此非细事，其安危成败，间不容息，岂可以坐縻虚礼、逡巡闵默以误国计，而措其身于颠沛之地哉？必以会庆为期，窃恐未然之间，卒有事变，而名义不正，弥纶又疏，无复有着手处也。彼若幸而见听，则更须力为君相极言学问之道，使其于此开明，则天下之事，不患难立。详观四牍，却似

---

① 《宋史》卷四二九，第12772—12773页。
② 《朱子大全劄疑问目标补》卷四，第296—297页。

于此有未尽也。

熹常谓天下万事有大根本，而每事之中又各有要切处。所谓大根本者，固无出于人主之心术；而所谓要切处者，则必大本既立，然后可推而见也。如论任贤相、杜私门，则立政之要也；择良吏、轻赋役，则养民之要也；公选将帅，不由近习，则治军之要也；乐闻警戒，不喜导谀，则听言用人之要也。推此数端，余皆可见。然未有大本不立而可以与此者，此古之欲平天下者，所以汲汲于正心诚意以立其本也。若徒言正心，而不足以识事物之要，或精核事情而特昧夫根本之归，则是腐儒迂阔之论，俗士功利之谈，皆不足与论当世之务矣。吾人向来非不知此，却是成己功夫于立本处未甚端的，如不先涵养，而务求知见是也。故其论此，使人主亦无下功夫处。今乃知欲图大者，当谨于微；欲正人主之心术，未有不以严恭寅畏为先务，声色货利为至戒，然后乃可为者。此区区近日愚见之拙法，若未有孟子手段，不若且循此涂辙之无悔吝也。不审高明以为如何？（《朱文公文集》卷二五）

【系年】

此信稍晚于 Zc，信中提及"使介遂行"，可见此信当作于范成大乾道六年（1170）六月十五离开临安赴金之后。[1]

---

[1] 范成大：《缆辔录》，收录于赵永春辑注：《奉使辽金行程录》（增订本），商务印书馆，2017 年，第 391 页。

束景南以为此信在 S36 之后，或因此信中有"必以会庆为期"，疑呼应 S36 中张栻所言"某月初即求去，盖会庆在近，不忍见犬使之至也"一句。① 不过 S36 中有"来书以为未有孟子手段，且循此途辙为少悔吝是也"之语，当是回应此信中末句所言"此区区近日愚见之拙法，若未有孟子手段，不若且循此涂辙之无悔吝也"。

【疏证】

"奏草已得"。 此即张栻所上论罢祈请使的奏疏。

"不若早以前议与之判决，如其不合，则奉身而退，亦不为无名矣。" 张栻此时已有辞任之意，但以何种理由与时机尚在斟酌。朱熹建议张栻当就祈请使一事与虞允文直接沟通，此时范成大虽已离开临安，但尚可以遣人追回。

"必以会庆为期"。 金迈淳以为，"当时圣节例必有彼使来贺，故南轩欲避而去国也"。② 这一解释是受 S36 中"盖会庆在近，不忍见犬使之至也"的影响，但朱熹此时未必如此理解张栻以会庆节为期的真实意图。张栻应在朱熹此封信之前，另有一通书信向朱熹提及他向虞允文"摊牌"的时间节点是十月会庆节，但未提及其中缘由，而在朱熹看来，张栻应及早向虞允文就祈请使一事"摊牌"，朱熹以为"此非细事，其安危成败间不容息"，若一再犹豫斟酌，恐会贻误时机。由此，在 S36 中张栻才向朱熹解释他以会庆为期的理由。

---

① 束景南：《朱熹年谱长编》（增订本），第 434 页。
② 《朱子大全劄疑问目标补》卷四，第 298 页。

"彼若幸而见听"。《朱子大全劄疑辑补》以为指虞允文接受张栻追回祈请使的建议。①

"熹常谓天下万事有大根本，而每事之中又各有要切处。" 此段文字中，朱熹与张栻论及他所理解的"根本"与"要切"，此亦可呼应朱熹在 Zb 中所提及张栻来信所言的"纲领"与"条目"。此年黄中亦向宋孝宗论及正心诚意、致知格物，并陈"十要道"之说。② 理学家群体论政虽有近似之处，但细微处亦有差别，较之张栻更关注恢复等具体国是，朱熹或许更早意识到根本在于孝宗之心术。而张栻在 S36 回信中提及，"向来对时亦尝论及此，上聪明，所恨无人朝夕讲道至理，以开广圣心，此实今日兴衰之本也"，也是进一步回应朱熹的观点。

Z13（示喻黄公洒落之语）

示喻黄公洒落之语，旧见李先生称之，以为不易窥测到此。今以为知言，语诚太重，但所改语又似太轻，只云"识者亦有取焉，故备列之"，如何？所谓洒落，只是形容一个不疑所行，清明高远之意，若有一豪私吝心，则何处更有此等气象邪？只如此看，有道者胸怀表里亦自可见。若更讨落着，则非言语所及，在人自见得如何。如曾点舍瑟之对，亦何尝说破落着在甚处邪？

---

① 《朱子大全劄疑辑补》卷二五。
② 《宋史全文》卷二五上，第 2079—2080 页。

《通书》跋语甚精，然愚意犹恐其太侈，更能敛退以
就质约为佳。《太极解》后来所改不多，别纸上呈，未当
处更乞指教。但所喻无极二五不可混说，而"无极之真"
合属上句，此则未能无疑。盖若如此，则无极之真自为一
物，不与二五相合，而二五之凝，化生万物，又无与乎太
极也。如此岂不害理之甚？兼"无极之真"属之上句，
自不成文理，请熟味之，当见得也。各具一太极，来喻固
善，然一事一物上各自具足此理，着个"一"字，方见
得无欠剩处，似亦不妨，不审尊意以为如何？择之亦寄得
此书草来，大概领略一过，与鄙意同。后不曾子细点检，
不知其病如何。或是病痛一般，不自觉其病耳。

伯恭不鄙下问，不敢不尽愚。但恐未是，更赖指摘。
近日觉得向来胡说多误却朋友，大以为惧。自此讲论，大
须子细，一字不可容易放过，庶得至当之归也。

别纸所谕邵氏所记，今只入《外书》，不入行状。所
疑小人不可共事固然，然尧不诛四凶，伊尹五就桀，孔子
行乎季孙，惟圣人有此作用，而明道或庶几焉。观其所在
为政而上下响应，论新法而荆公不怒，同列异意者亦称其
贤，此等事类非常人所及。所谓元丰大臣当与共事，盖实
见其可而有是言，非传闻之误也。然力量未至此而欲学
之，则误矣。序目中语所更定者甚稳，然本语熹向所谓
先生之学大要则可知已者，正如《春秋序》所谓"大义
数十，炳如日星，乃易见也"之比，非薄《春秋》之词
也，不改似亦无害。若必欲改，则新语亦未甚活落，大

抵割裂补缀，终非完物，自是不能佳耳。（《朱文公文集》卷三一）

【系年】

此信当在乾道六年（1170），历来学者少有疑问。

【疏证】

"**示喻黄公洒落之语，旧见李先生称之。**""黄公洒落之语"，指黄庭坚评周敦颐"胸中洒落如光风霁月"之语，"李先生"即李侗。朱熹乾道六年草成《太极图说解》后，与张栻、吕祖谦多有讨论，因此信中提及黄庭坚评价周敦颐此语。朱熹后来以为此语是最善形容气象者，此时却认为"语诚太重"，或因朱熹此时多论儒佛之异，而"洒落"之语似有过高之弊。

"**《通书》跋语甚精，然愚意犹恐其太侈，更能敛退以就质约为佳。**""《通书》跋语"指张栻此年所作《通书后跋》；[1] 但朱熹所谓"恐其太侈，更能敛退以就质约为佳"不知所指为跋文中何语，或许是朱熹学问更重下学，较之张栻跋文中论敬主张"起居食息主一而不舍"，朱熹会警惕在日用中刻意持敬也容易误入离事而言敬的歧途。

"**别纸所谕邵氏所记，今只入《外书》。**"垣内景子指出此为《河南程氏外书》卷一二所收《邵氏闻见录》中七条。[2]

"**序目**"。序目有二解，宋时烈以为是朱熹所撰程集之序与目

---

[1] 《张栻集》卷三三，第 1272—1273 页。
[2] 垣内景子：「『朱子文集』訳註（三）」，第 57 页。

录，金迈淳以为是《二程全书》《遗书》篇目之下朱熹所撰叙述其访求编次之意的文字。①

S34（某出入省户）

　　某出入省户，日负素飧，反复古义，不遑宁处。晦叔行时已略言所处大概，有以告之是望。区区在此，不敢不尽诚，政恐学力不到，无以感动，惟悚惧耳。正论极微，假借为此论者，未尝了然于义理之所在，而徒遭回于利害之末途。自顾藐然之身，其将何以障此波澜？然苟留一日，不敢不勉。用是瞻仰，有不胜言。伯恭邻墙，日得晤语，近来议论甚进，每以愚见告之，不复少隐也。（《张栻集》卷二二）

【系年】

此信当在乾道六年（1170），信中所言"出入省户"，可证当是张栻在临安之时。

【疏证】

"晦叔行时已略言所处大概"。晦叔当为吴翌，胡宏弟子，建阳人，所以张栻或因吴翌返乡之际，请他转告朱熹自己处境。

"区区在此，不敢不尽诚，政恐学力不到，无以感动，惟悚惧耳。"此似呼应朱熹在 Zd 中所言："吾人向来非不知此，却是成己

---

① 《朱子大全劄疑问目标补》卷六，第 417 页。

功夫于立本处未甚端的，如不先涵养，而务求知见是也。故其论此，使人主亦无下功夫处。今乃知欲图大者，当谨于微；欲正人主之心术，未有不以严恭寅畏为先务，声色货利为至戒，然后乃可为者。"

Z14（伯恭想时时相见）

伯恭想时时相见，欲作书不暇，告为致意。向得渠两书，似日前只向博杂处用功，却于要约处不曾子细研究，病痛颇多。不知近日复如何？大抵博杂极害事，如《闻范》之作，指意极佳，然读书只如此，亦有何意味耶？先达所以深惩玩物丧志之弊者，正为是耳。范醇夫一生作此等功夫，想见将圣贤之言都只忙中草草看过，抄节一番，便是事了，元不曾子细玩味。所以从二先生许久，见处全不精明，是岂不可戒也耶！渠又为留意科举文字之久，出入苏氏父子波澜，新巧之外更求新巧，坏了心路，遂一向不以苏学为非，左遮右拦，阳挤阴助，此尤使人不满意。向虽以书极论之，亦未知果以为然否。

近读《孟子》，至答公都子好辨一章，三复之余，废书太息。只为见得天理忒煞分明，便自然如此住不得。若见不到此，又如何强得也？然圣贤奉行天讨，却自有个不易之理，故曰能言距杨墨者，圣人之徒也。此便与《春秋》讨乱臣贼子之意一般。旧来读过亦不觉，近乃识之耳。不审老兄以为如何？（《朱文公文集》卷三一）

【系年】

此信学者多系于乾道六年（1170）。信中所云"伯恭想时时相
见"，当指乾道六年张栻、吕祖谦同在临安，同巷而居，切磋问学
之时。

【疏证】

"向得渠两书"。垣内景子以为即《吕东莱文集》卷三《与朱
侍讲》第二、第三书。①

"大抵博杂极害事，如《闺范》之作，指意极佳，然读书只如
此，亦有何意味耶？先达所以深惩玩物丧志之弊者，正为是耳。"
乾道六年前后，朱熹因中和新说而思想走向成熟，对理学诸多核
心议题形成稳定的系统看法，由此对理学内外不同思想多有评断，
对于儒学内部的批评，即包括批评吕氏家学、湖湘学派和苏学。
比如朱熹在给吕祖谦的门人李深卿的信中，便批评吕氏家学，而
在乾道五年给与李深卿往来密切的林择之的信中甚至直接说"吕
氏家学问更不须理会，直是可以为戒"。② 朱熹批评吕祖谦多从两
点入手，其一是博杂，其二是过巧。此时朱熹援引程颢"以记诵
博识为玩物丧志"之说，③ 批评吕祖谦之学也是如此，包括吕所作
《闺范》，虽"指意极佳"，但终属玩物丧志之博杂。

"渠又为留意科举文字之久"。吕氏之教导门人，颇重举业。
吕祖谦在严州担任州学教学期间亦是如此，朱熹与吕祖谦信中多

---

① 垣内景子：「『朱子文集』訳註（三）」，第 62 页。
② 《朱文公文集》卷四五，《朱子全书》（修订本）第 22 册，第 2067 页、
4944 页。
③ 《二程集》，第 60 页。

有讨论。乾道六年，吕祖谦曾去信朱熹，以为："科举之习，于成己成物诚无益。但往在金华，兀然独学，无与讲论切磋者。闾巷士子，舍举业则望风自绝，彼此无缘相接。故开举业一路，以致其来，却就其间择质美者告语之，近亦多向此者矣。"① 朱熹则回信以为："科举之教无益，诚如所喻。然谓欲以此致学者而告语之，是乃释氏所谓'先以欲勾牵，后令入佛智'者，无乃枉寻直尺之甚，尤非浅陋之所敢闻也。"② 不过朱熹对于举业也非彻底否定，之后也曾送其子往吕祖谦处学习举业。

"**遂一向不以苏学为非，左遮右拦，阳挤阴助，此尤使人不满意。**"吕祖谦此时去信朱熹，多为苏轼辩护，如说"（苏学）之于吾道，非杨、墨也，乃唐、景也，似不必深与之辨"，朱熹在给吕祖谦的信中即正面批评这种将苏学"贬而置于唐、景之列，殆欲阳挤而阴予之耳"。③

"**向虽以书极论之**"。此书当为朱熹《答吕伯恭》第四书（窃承进学之意甚笃）、第五书（示喻曲折），尤其是第五书。信中朱熹批评吕祖谦为苏学辩护是一种似是而非，堪称"最不察夫理者"。④

"**近读《孟子》，至答公都子好辨一章，三复之余，废书太息。**"此时朱熹希望将《伊川先生行实》注中"东坡"改为"苏

① 《东莱吕太史别集》卷七，《吕祖谦全集》第 1 册，第 398 页。
② 《朱文公文集》卷三三，《朱子全书》（修订本）第 21 册，第 1427 页。
③ 《东莱吕太史别集》卷七，《吕祖谦全集》第 1 册，第 399 页；《朱文公文集》卷三三，《朱子全书》（修订本）第 21 册，第 1428—1429 页。
④ 《朱文公文集》卷三三，《朱子全书》（修订本）第 21 册，第 1428 页。

轼"，通过这种径称其名的方式将苏学判释为异端，吕祖谦则质疑朱熹此举是"因辩论有所激而加峻""颇乏广大温润气象"，① 所以朱熹在给张栻信中引孟子"予岂好辩哉？予不得已也"以解释自己是"只为见得天理忒煞分明，便自然如此住不得"。不过朱熹此语也不全为"注中改字"一事而发，自中和新说后，朱熹因自身思想体系的成熟而开始判释其他学说，在论辩中难免有言辞激烈而被他人视为好辩之处。

S35（日自省中归）

日自省中归，即闭关温绎旧学，向来所见偏处，亦渐有觉，但绝少讲论之益，无日不奉怀耳。《西铭》近日常读，理一分殊之指，龟山后书终未之得。盖斯铭之作，政为学者私胜之流昧夫天理之本然，故推明理一以极其用，而其分之殊自不可乱。盖如以民为同胞，谓"尊高年为老其老，慈孤弱为幼其幼"，是推其理一而其分固自在也，故曰"分立而推理一，以止私胜之流，仁之方也"。龟山以无事乎推为理一，引圣人"老者安之、少者怀之"为说，恐未知西铭推理一之指也。《阃范》之说极佳，即以语伯恭矣，只如此读过，诚可戒也。伯恭近来尽好说话，于苏氏父子亦甚知其非。向来见渠亦非助苏氏，但习熟元祐间一等长厚之论，未肯诵言排之耳，今亦颇知此为

---

① 《东莱吕太史别集》卷七，《吕祖谦全集》第 1 册，第 397 页。

病痛矣。孟子答公都子一章，要须如此方为圣贤作用。此意某见得，但力量培植未到，要不敢不勉耳。此话到此，尤觉难说。邪论甚炽，人心消荡，一至于此，每思之不遑寝食也，奈何奈何！（《张栻集》卷二二）

【系年】

此信在乾道六年（1170），与 Z14 前后相承，所谓"《阃范》之说极佳，即以语伯恭矣，只如此读过，诚可戒也"即呼应 Z14 朱熹对吕祖谦《阃范》的批评。

【疏证】

"龟山后书终未之得"。"龟山后书"指杨时与程颐论《西铭》第二书。[1] 杨时之论《西铭》，前书之中以为"民胞物与"之说近似墨家兼爱，后书虽以前书为非，但仅将"理一"理解为古人善"推"其所为。

"尊高年为老其老，慈孤弱为幼其幼。"此处用《西铭》语。[2]

"分立而推理一，以止私胜之流，仁之方也。"此为程颐回复杨时信中所言。[3]

S36（祈请竟出疆）

祈请竟出疆，颠倒绊悖，极有可忧。某月初即求去，

---

① 《杨时集》卷一六，第452—453页。
② 《张载集》，第62页。
③ 《二程集》，第609页。

盖会庆在近，不忍见犬使之至也。自惟诚意不充，无以感动，且当归去，勉求其在己者。今日大患，是不悦儒学，争驰乎功利之末，而以先王严恭寅畏、事天保民之心为迂阔迟钝之说。向来对时亦尝论及此，上聪明，所恨无人朝夕讲道至理，以开广圣心，此实今日兴衰之本也。吾曹拙见，诚不过此。来书以为未有孟子手段，且循此途辙为少悔咎是也。但孟子亦何尝外此意？特其发用变化别耳。《知言》自去年来看多有所疑，来示亦多所同者，而其间开益鄙见处甚多，亦有来示未及者，见一一写行，俟后便方得上呈，更烦一往复，庶几粗定。甚恨当时刊得太早耳。(《张栻集》卷二二)

【系年】

此信学者少有争议，当在乾道六年（1170），或在六月十五日范成大出使离京后和十月二十二日孝宗会庆节前。范成大出使金国相关时间节点在《缆辔录》中有详细记载，杨世文以为信中"出疆"当指《缆辔录》中所记六月十五日离开临安，因此"月初"当指七月；任仁仁、顾宏义以为"出疆"当指《缆辔录》中八月十一日"渡淮"，如此则"月初"当为九月。①

【疏证】

"祈请竟出疆"。指范成大出使金国。

---

① 杨世文：《张栻朱熹书信编年考证》，第 208 页；任仁仁、顾宏义编撰：《张栻师友门人往还书札汇编》，第 245 页。

"某月初即求去，盖会庆在近，不忍见犬使之至也。""犬使"即金使，张栻不欲在宋孝宗会庆节之时见到来访的金使以蒙辱。

"来书以为未有孟子手段，且循此途辙为少悔吝是也。""来书"指Zd，朱熹在信中说"若未有孟子手段，不若且循此途辙之无悔吝也"。

"《知言》自去年来看多有所疑"。"去年"非指朱张关于《知言》书函往来之事。乾道六年初，朱熹、张栻、吕祖谦各自撰写《知言疑义》，而后讨论修改，至次年底成书，而张栻此处所论"去年"非指此，不可作为系年根据。

S38（西铭之论甚精）

《西铭》之论甚精。"乾称父、坤称母"之说，某亦如此看。盖一篇浑是此意也。但所论其间有一二语，鄙意未安，俟更为精读深思方报去。"所贵乎道者三"，上蔡之说诚欠却本来一段工夫，二程先生之言真格言也。某近只读《易传》及《遗书》，益知学者病痛多，立言盖未易也。《知言》之说，每段辄书鄙见于后，有未是处，却索就此簿子上批来，庶往复有益也。近来又看得几段，及昨日读寄来者，皆未及添入，俟更详之，后便寄去。（《张栻集》卷二二）

【系年】

此信在乾道六年（1170）。杨世文以朱熹乾道六年所作《西铭解》为线索，但不知道何故将此信系于次年，即乾道七年；任仁仁、顾宏义以为 S38 当在 S39 之前，而 S39 在乾道六年九月、十月间，所以 S38 或在稍早前的九月间。① 束景南亦以为 S38 和 S39 前后相续，当系于乾道六年秋。②

【疏证】

"《西铭》之论甚精"。杨世文以为"《西铭》之论"是指朱熹于 1170 年秋草成的《西铭解》。③

"'所贵乎道者三'，上蔡之说诚欠却本来一段工夫，二程先生之言真格言也。""所贵乎道者三"典出《论语·泰伯》："君子所贵乎道者三：动容貌，斯远暴慢矣；正颜色，斯近信矣；出辞气，斯远鄙倍矣。"理学家多论此三者何以有如此地位。谢良佐之说大体如吕祖谦所批评的："谢先生语，其意似谓徒事威仪而不察所以然，则非礼之本；若致其知，则所以正、所以谨者，乃礼之本也。"④ 朱熹对于谢良佐之说固然有所不满，但他对于吕祖谦侧重行为背后"所以然"的解释路径也不认同，朱熹在信中批评吕祖谦："详考从上圣贤以及程氏之说，论下学处，莫不以正衣冠、肃容貌为先。盖必如此，然后心得所存而不流于邪僻……若言所以正、所以谨者乃礼之本，便只是释氏所见，徒然横却个所以然者

---

① 杨世文：《张栻朱熹书信编年考证》，第 209 页；任仁仁、顾宏义编撰：《张栻师友门人往还书札汇编》，第 236 页。
② 束景南：《朱熹年谱长编》（增订本），第 439—440 页。
③ 杨世文：《张栻朱熹书信编年考证》，第 209 页；另可参束景南对于《西铭解》成书时间的考证，束景南：《朱熹年谱长编》（增订本），第 440 页。
④ 《东莱吕太史别集》卷七，《吕祖谦全集》第 1 册，第 399 页。

在胸中，其实却无端的下功夫处，儒者之学，正不如此。"① 朱熹
以为儒家工夫，关键在于由"下学"而"上达"，如果忽略下学工
夫而过度追求"所以然"，则容易有躐等之弊。"二程先生之言"
非指具体词句，而是包括朱熹在给吕祖谦信中提及的"制之于外，
所以养其中"等表述。

"某近只读《易传》及《遗书》"。"《易传》"此处或特指程颐
所作《周易程氏传》，"《遗书》"即《二程遗书》。

S39（某迩来思虑）

某迩来思虑，只觉向来所讲之偏，惕然内惧，不敢不
勉。每得来书，益我厚矣。盖诸君子往往因有所见，便自
处高、执之固，后来精义更不可入，故未免有病。若二先
生其犹一气之周流乎？何其理之该而不偏，辞之平而有味
也！读《遗书》《易传》，它书真难读也。《西铭》所谓理
一而分殊，无一句不具此意。鄙意亦谓然，来示亦尽之
矣。但其间论"分立而推理一"与"推理以存义"之说，
颇未相同。某意以为分立者，天地位而万物散殊，其亲疏
皆有一定之势；然不知理一，则私意将胜，而其流弊将至
于不相管摄而害夫仁。故《西铭》因其分之立而明其理
之本一，所谓以止私胜之流，仁之方也。虽推其理之一，
而其分森然者，自不可乱，义盖所以存也。大抵儒者之

---

① 《朱文公文集》卷三三，《朱子全书》（修订本）第 21 册，第 1429 页。

道，为仁之至、义之尽者，仁立则义存，义精而后仁之体
为无蔽也，似不必于事亲、事天上分理与义，亦未知是
否？曾子之言，二先生互相发明，可谓至当。《知言疑
义》前已纳呈，今所寄尤密，方更参详之。伯恭近日尽好
讲论。乔拱在此，如此等士人甚难得。潘友端年方十七，
而立志殊不凡，皆肯用力。潘今暂归省，俟其来，皆令拜
书去求教。李伯谏、林择之兄弟各有报书，陈、韩在此时
相见，亦肯回头，但颇草草耳。某近因与乔、潘考究《论
语》论仁处，亦有少说，续便录呈。晦叔犹未得到长沙
书。共父想已过九江，探伺渠到家，专人唁之。是时亦得
拜书，忧患中正宜进德，此有赖于兄也。今日达官似皆不
逮之，故爱之尤深而责之尤重耳。元履所谓但证候小变
者，鄙意亦云尔。《遗书》当更令修治，近与伯恭议，欲
取此版来国子监中，尽可修治耳。（《张栻集》卷二二）

【系年】

此信当系于乾道六年（1170），学者少有疑义。

【疏证】

"但其间论'分立而推理一'与'推理以存义'之说，颇未相
同。""分立而推理一"与"推理以存义"本是程颐论《西铭》时
所言，但朱熹有所发挥。

Z15（建阳一二士人归自临安）

　　建阳一二士人归自临安，云尝获奉教，亦录得数十段

答问来，其间极有可疑处。虽所录或失本意，亦必有些来历也。又有泛然之问，略不曾经思索，答之未竟而遽已更端者，亦皆一一酬酢。此非惟于彼无益，而在我者亦不中语默之节矣。又随问遽答，若与之争先较捷者，此其间岂无牵强草略处？流传谬误，为害不细。就令皆是，亦徒为口耳之资。程子所谓"转使人薄"者，盖虑此耳。元履尝疑学徒日众，非中都官守所宜，熹却不虑此，但恐来学者皆只是如此，而为教者俯就太过，略不审其所自，则悔吝讥弹，将有所不免矣。况其流弊无穷，不止为一时之害，道之兴丧，实将系焉。愿明者之熟虑之也。（《朱文公文集》卷三一）

【系年】

此信或在乾道六年（1170）年底。乾道七年一月张栻所作 S40 云"向来偶因说话间妄为它人传写，想失本意甚多"，即是呼应此书所云"建阳一二士人归自临安，云尝获奉教，亦录得数十段答问来，其间极有可疑处。虽所录或失本意，亦必有些来历也"。

【疏证】

"元履尝疑学徒日众，非中都官守所宜。"此前一年，魏元履曾以布衣入朝为官，所以当对张栻之事颇有听闻，在罢官返乡后，或与朱熹讨论过此事。

S37（某出入省户日愧亡补）

某出入省户，日愧亡补，所以见告者所谓"实获我

心"，但请对之说，容更思之。区区本欲俟转对，对却在
正初，又恐迟耳。自念学力未到，诚意不能动人，只合退
归，勉其在我者。然窃念吾君聪明勤劳，不忍只如此舍
去，当更竭尽，反复剖判，庶几万一拳拳之心，不敢不自
勉，惟吾兄实照知之。写至此，不觉酸鼻也。(《张栻集》
卷二二)

【系年】

疑此信和 S36 相续，皆与 Ze 相关。朱熹在此信中，对于张栻
后续如何劝诫孝宗，提了一些建议。朱熹对于张栻刚入朝时的劝
诫方式，可能一直有所批评，比如他在乾道六年（1170）给范伯
崇的信中说"钦夫日前议论伤快，无涵养本原功夫，终是觉得应
事匆匆"。[①]

张栻数次轮对，虽然孝宗多未采纳其言，但是乾道六年十一月
《论郊礼阴晴札子》后，孝宗对张栻的印象较佳，所以张栻得以于
次年任经筵讲官。而在此信中，张栻对于能否劝诫孝宗，还颇为
悲观，有"不觉酸鼻"语，恐怕还在乾道六年五月返京后，屡次
劝诫皆无效果的悲观情绪中。所以此信可以系于乾道六年十一月
稍前。又，杨世文以为此信在乾道七年，但此信中有"区区本欲
俟转对，对却在正初，又恐迟耳"，"正初"当指的乾道七年正月
初，所以此事当在乾道六年。

---

① 《朱文公文集》卷三九，《朱子全书》（修订本）第 22 册，第 1786 页。

【疏证】

"请对之说，容更思之。"尚不确定所指何事，但应是朱熹和张栻讨论请对之要点。张栻早在乾道六年初所上《严州招还上殿札子》中，就批评孝宗"恶腐儒俗学之害""甚似高祖"，所以他的轮对策略是向孝宗论证"真儒实学"。① 朱熹在乾道六年六七月间给张栻的 Zd 信中，提到当正人主心术，而且要以"严恭寅畏为先务，声色货利为至戒"。张栻在 S36 回信中说，他此前轮对中也提到了人君不可轻视"先王严恭寅畏"之说，但可惜无人朝夕对孝宗反复强调这一点。张栻此时对于自己原有的轮对策略，或有所反思。此时朱熹应还有一信给张栻，对轮对提出一些建议，可能大原则还是要规劝正人君之心，而张栻此时则在犹豫是否采取这一策略，或者在犹豫该如何陈说，所以回复朱熹"请对之说，容更思之"。而如杨世文在 S37 系年中所言，朱熹在随后 Ze 中说"向者请对之云，乃是不得已之计"，可能就是当时朱熹给张栻的建议。②

张栻在乾道六年五月回京任吏部员外郎兼权起居郎，五月赴召廷对上《严州招还上殿札子》，六月轮对上《论必胜之形在于早正素定论》，③ 十月份又上《请改司马朴谥议》，十一月上《论郊礼阴晴札子》，此札也是论正君心、明君子小人，十二月张栻批评史正志发运司一事，孝宗听从了张栻的意见。④ 又，乾道六年十一月

---

① 《张栻集·补遗》，第 1458—1459 页。
② 杨世文：《张栻朱熹书信编年考证》，第 208—209 页。
③ 参《宋史全文》卷二五上，第 2089—2090 页。
④ 《中兴两朝编年纲目》卷一六，第 534 页。

后，张栻"自仲冬以后凡三得对"，可见十一、十二月张栻和孝宗的关系尚属融洽。

"只合退归"。可见张栻此前多次轮对，所言当未能被孝宗采纳，所以他已经有了去职之意。孝宗虽然没有采纳他的意见，但对他的印象应该还很好，所以随后他得开经筵。

"不觉酸鼻"。可见当时当有让张栻极为不满、失望的朝堂之事。这可能有几方面原因，一方面张栻自己的论奏皆未被采纳，另一方面，乾道六年五月，陈俊卿罢左仆射，汪应辰也在稍早前出知平江府，陈良祐被贬，理学家益发缺乏支持，可能也更敏感。

乾道七年 （1171） 论张栻临安出处

S40 （某备数于此）

　　某备数于此。自仲冬以后凡三得对，区区之诚，不敢不自竭。上聪明，反复开陈，每荷领纳，私心犹有庶几乎万一之望，正幸教诲之及，引领以冀也。讲筵开在后月，自此或更得从容，以尽底蕴。惟是迹孤愈甚，侧目如林，此则非所计也。刘枢归，想得款曲，忧患中益进德业，异时当大慰人望。晦叔已行未耶？闻其归计费力，极念之。亦有一书，不知尚可及否。《太极图解》析理精详，开发多矣，垂诲甚荷。向来偶因说话间妄为它人传写，想失本意甚多。要之言学之难，诚不可容易耳。《图解》须子细看，方求教，但觉得后面亦不必如此辩论之多，只于纲领处拈出可也。不然，却只是骋辩求胜，转将精当处混汩耳。如何？（《张栻集》卷二二）

【系年】

此信或在乾道七年（1171）正月。任仁仁、顾宏义据《张宣公年谱》，以为张栻于乾道六年十二月除左司员外郎兼侍讲，次年二月开经筵，本书云"讲筵开在后月"，知其撰于乾道七年正月。①

【疏证】

"自仲冬以后凡三得对"。"三得对"难以详考，但可能包括张栻十一月《论郊礼阴晴札子》，十二月批评史正志之任发运司使，而孝宗听从了张栻的意见。② 具体奏对之事，孝宗对张栻的建议或可称得上"每荷领纳"，但此时政局整体上依然没有改观，从更普遍的人事进退即可知理学家在朝堂之上的空间愈发受到压制。

"讲筵开在后月"。指乾道七年二月，张栻开讲经筵。

"迹孤愈甚，侧目如林。"当时陈俊卿、汪应辰、刘珙等理学家在高级官僚队伍中的同情者陆续离任。

"刘枢归，想得款曲，忧患中益进德业，异时当大慰人望。晦叔已行未耶？"杨世文以为此指乾道六年九月刘珙丁母忧归闽和同年七月吴翌以妻父之丧归闽。③

"向来偶因说话间妄为它人传写，想失本意甚多。"即 Z15 朱熹所言"建阳一二士人归自临安，云尝获奉教，亦录得数十段答问来，其间极有可疑处。虽所录或失本意，亦必有些来历也"。

---

① 任仁仁、顾宏义编撰：《张栻师友门人往还书札汇编》，第 249 页。
② 《中兴两朝编年纲目》卷一六，第 534 页。
③ 杨世文：《张栻朱熹书信编年考证》，第 210 页。

Ze（昨陈明仲转致手书）

　　昨陈明仲转致手书，伏读再三，感幸交集。盖始见尊兄道未伸而位愈进，实不能无所忧疑，及得此报，乃豁然耳。向者请对之云，乃为不得已之计，不知天意殷懃，既以侍立开尽言之路，而圣心鉴纳，又以讲席延造膝之规，此岂人谋所及哉！窃观此举，意者天人之际、君臣之间，已有响合之势。甚盛甚盛！勉旃勉旃！凡平日之所讲闻，今且亲见之矣。盖细读来书，然后知圣主之心乃如此，而尊兄学问涵养之力，其充盛和平又如此，宜乎立谈之顷发悟感通，曾不旋踵遂定腹心之契，真所谓千载之遇也。然熹之私计，愚窃不胜十寒众楚之忧，不审高明何以处之？计此亦无他术，但积吾诚意于平日，使无食息之间断，则庶乎其可耳。

　　夜直亦尝宣召否？夫帝王之学，虽与韦布不同，经纶之业，固与章句有异，然其本末之序，愚窃以为无二道也。圣贤之言，平铺放着，自有无穷之味。于此从容潜玩，默识而心通焉，则学之根本于是乎立，而其用可得而推矣。患在立说贵于新奇，推类欲其广博，是以反失圣言平淡之真味，而徒为学者口耳之末习。至于人主能之，则又适所以为作聪明、自贤圣之具，不惟无益，而害有甚焉。近看《论语》旧说，其间多此类者，比来尊兄固已自觉其非矣；然近闻发明"当仁不让于师"之说云："当于此时识其所以不让者为何物，则可以知仁之义。"此等议论，又只似旧来气象，殊非圣人本意，才如此说，便只成释子作弄精神意思，无复儒者脚踏实地功夫矣。进说之际，恐不可以不戒。

筵中见讲何书？愚意《孟子》一书最切于今日之用，然轮日讲解，未必有益，不若劝上万几之暇，日诵一二章，反复玩味，究观圣贤作用本末，然后夜直之际，请问业之所至而推明之。以上之聪明英睿，若于此见得洞然无疑，则功利之说无所投，而侥幸之门无自启矣。异时开讲，如伊川先生所论坐讲之礼，恐亦当理会也。

孟子论王道，以制民产为先。今井地之制未能遽讲，而财利之柄制于聚敛掊克之臣，朝廷不恤诸道之虚实，监司不恤州县之有无，而为州县者又不复知民间之苦乐，盖不惟学道不明，仕者无爱民之心，亦缘上下相逼，只求事办，虽或有此心而亦不能施也。此由不量入以为出，而反计费以取民，是以末流之弊，不可胜救。愚意莫若因制国用之名而遂修其实，明降诏旨，哀悯民力之凋悴，而思所以膏泽之者，令逐州逐县各具民田一亩，岁入几何，输税几何，非泛科率又几何，一县内，逐乡里不同者，亦依实开。州县一岁所收金谷总计几何，诸色支费总计几何，逐项开。有余者归之何许，不足者何所取之。俟其毕集，然后选忠厚通练之士数人，类会考究，而大均节之，有余者取，不足者与，务使州县贫富不至甚相悬，则民力之惨舒亦不至大相绝矣。陆宣公论两税利害数条，事理极于详备，似可采用也。是则虽未能遽复古人井地之法，而于制民之产之意，亦仿佛其万一。如此然后先王不忍人之政，庶乎其可施也。

又屯田之议，久废不讲，比来朝廷似稍经意，然四方未睹其效，而任事者日被进擢，不知果能无欺诞否？今日财赋岁出以千百巨万计，而养兵之费十居八九，然则屯田实边，最为宽民力之大者，但恐疆理不定，因陋就简，则欺诞者易以为奸，而隐核者难于得实。此却须就今日边郡官田，略以古法，画为丘井沟洫之制，亦不必尽如《周礼》古制，但以孟子所言为准，画为一法，使通行之。边郡之地已有民田在其间者，以内地见耕官田易之，使彼此无疆场之争，军民无杂耕之扰，此则非惟利于一时，又可渐为复古之绪。高明试一思之，今日养民之政，恐无出于两者。其他忠邪得失，不敢概举，但政本未清，倖门未窒，殊未有以见阳复之效，愿更留意，暇日为上一二精言之。至于省中职事，施行尤切，伏想直道而行，无所回互，不待愚言之及矣。猥承下问，敢效其愚，伏惟采择。

（《朱文公文集》卷二五）

【系年】

此信当在乾道七年（1171）春。朱熹信中询问"筵中见讲何书"，张栻经筵在乾道七年二月，此信当与此为近。[1]

或以为此信起首"昨陈明仲转致手书"对应 S41"偶见陈明

---

① 陈来：《朱子书信编年考证》（增订本），第 84 页；任仁仁、顾宏义编撰：《张栻师友门人往还书札汇编》，第 251 页。

仲，知有的便，具此纸奉报"，其实不然。Ze 与 S41 相差数月，且各有比较明确的系年证据，不宜仅据信中提及"陈明仲"一事而以为两书前后相续。

【疏证】

"**昨陈明仲转致手书，伏读再三，感幸交集。**"此时朱熹已经知道张栻会于乾道七年二月经筵讲学，也可能这时候张栻刚刚完成讲授。较之此前半年张栻之意见多不获孝宗采纳，此时张栻与孝宗的关系之改善，以及展现出的部分君臣相契，令朱熹不由颇为感慨。当然，最终证明朱熹和张栻对于孝宗还是有所误判，理学家与孝宗重功利、近习之臣的基本用人倾向并不契合。

"**盖始见尊兄道未伸而位愈进**"。"位愈进"或指乾道七年初张栻除侍讲。

"**熹之私计，愚窃不胜十寒众楚之忧。**"虽然张栻的政治待遇有所改善，但朱熹仍然担心朝堂上小人居多，以张栻等少数人，难以回转孝宗。

"**至于人主能之，则又适所以为作聪明、自贤圣之具，不惟无益，而害有甚焉。**"朱熹对孝宗印象不佳，尤其孝宗喜"独断"，或因张栻在 S36 中言"吾君聪敏勤劳"、S40 中言"上聪明"，所以朱熹回信特别暗讽孝宗身为人君，这种自作聪明反倒有害。

"**愚意莫若因制国用之名而遂修其实**"。金迈淳以为"制国用"指乾道三年置制国用司，以宰相兼国用使，参政兼同知国用，乾道五年罢之。①

---

① 《朱子大全劄疑问目标补》卷四，第 299 页。

"屯田之议"。此特指两淮屯田之事，Zc 中朱熹已经与张栻有所讨论。

"但政本未清，倖门未窒。""倖门"指如张说等侥倖之徒，而"政本"则与孝宗本人未能正心诚意有关。

S41（某十三日被命出守）

　　某十三日被命出守，次日早出北关，来吴兴，省广德家兄，翌早可去此。自此前途小憩，残暑即由大江归长沙故居。偶见陈明仲，知有的便，具此纸奉报。自惟备数朝列，荷吾君知遇，迄无所补报。学力不充，无以信于上下，归当温绎旧学，益思勉励，它皆无足言。惟是吾君聪明，使人眷眷，不忍置耳。（《张栻集》卷二一）

【系年】

此信当在乾道七年（1171）六月。信中"某十三日被命出守"即指七年六月张栻出知袁州一事。

【疏证】

"**某十三日被命出守**"。朱熹《右文殿修撰张公神道碑》载张栻力阻张说签书枢密院事，以为张栻甚至由此面斥宰相虞允文而致其惭愤不堪。①《宋史·道学传》记张栻面斥之语"宦官执政，

---

① 《朱文公文集》卷八九，《朱子全书》（修订本）第 24 册，第 4135—4136 页。

自京、黼始;近习执政,自相公始",后终被出知袁州。① 不过若说出知袁州仅仅是虞允文和张说作崇则未必,归根结底是宋孝宗重视功利、近习之臣的用人方针所致。

"广德家兄"。指张栻堂兄张杅。

S65 (某自附陈明仲书后)

某自附陈明仲书后,一向乏便嗣音,惟是怀仰,未尝忘也。秋凉行大江,所至游历山川,复多濡滞,今方欲次鄂渚,更数日可解舟。舟中无事,却颇得读《论语》、《易传》、《遗书》,极觉向来偏处,取所解《孟子》观之,段段不可,意义之难精,正当深培其本耳。修改得"养气"说数段,旧说略无存者。得所寄"助长"之论,甚合鄙意,俟到长沙,录去求教。曾子之说,伊川法则之语深有味,于此看得道字极分明也。《知言疑义》开发尤多,亦有数处当更往复,及后来旋看出者,并俟后便。此论诚不可示它人,然吾曹却得此反复寻究,甚有益,不是指摘前辈也。上蔡《语解》偏处甚多,大有害事处,益知求道之难也。(《张栻集》卷二四)

【系年】

此信当在乾道七年(1171)年底。《张栻年谱》云乾道七年张

---

① 《宋史》卷四二九,第 12774 页。

栻离京返乡行程为"六月十三日出公知袁州，十四日出都过吴兴，七月寓苏，八月过毗陵，十二月游鄂渚归抵长沙"，[①] 此信中云"今方欲次鄂渚""俟到长沙"，可知在乾道七年底。

【疏证】

"某自附陈明仲书后"。此或指 S41 "偶见陈明仲，知有的便，具此纸奉报"。

"上蔡《语解》偏处甚多"。束景南以为乾道七年五月，朱熹作《记谢上蔡论语疑义》并寄送张栻处，张栻回信亦大体赞同朱熹意见。[②] 湖湘学派原受上蔡影响甚深，而朱熹中和新说后思想成熟，渐能影响张栻对于上蔡的看法，此亦是一佐证。

---

① 王开琠、胡宗楙、高畑常信著，邓洪波辑校：《张栻年谱》，第 62 页。
② 束景南：《朱熹年谱长编》（增订本），第 447 页。

乾道八年（1172） 论观过知仁、中说、《中庸章句》初稿

S28（知言疑义反复甚详）

《知言疑义》反复甚详，大抵于鄙意无甚疑，而所以开发则多矣。其间数段谨录呈。今自写出再看，又觉此内亦有不必写去者，亦且附往。《论语仁说》区区之意，见学者多将"仁"字做活络揣度，了无干涉，如未尝下博学、笃志、切问、近思工夫，便做"仁在其中矣"想象，此等极害事，故编程子之说，与同志者讲之，庶几不错路头。然下语极难，随改未定。方今录呈，亦俟诸老行寄去。《读史管见》当并往，近看此书，病败不可言，其中间有好处，亦无完篇耳。看元来意思，多是为桧设。言天下之理，而往往特为讥刺一夫，不亦隘且陋乎？编《通鉴纲目》，极善。以鄙见，每事更采旧史尤佳，恐《通鉴》亦有所阙遗耳。它怀并须后讯。（《张栻集》卷二一）

【系年】

此信或在乾道八年（1172）年初。研究者多以为此信所云"《知言疑义》反复甚详，大抵于鄙意无甚疑，而所以开发则多矣"一句，乃是承接 S65 中"《知言疑义》开发尤多，亦有数处当更往复，及后来旋看出者，并俟后便"而来。[①]

【疏证】

"《论语仁说》"。杨世文以为《论语仁说》即《张栻集》卷一八所收《仁说》，而非《洙泗言仁录》；任仁仁、顾宏义以为《论语仁说》即《洙泗言仁录》。[②] 恐以后者为是，Z16 接续 S28 而来，Z16 中云"此录"，并有"首章""次章"等语，可见体例非《仁说》，而是《洙泗言仁录》。

"见学者多将'仁'字做活络揣度，了无干涉。" "活络揣度"指学者任意想象，其意如朱熹在 Z16 批评学者对于仁是"悬空揣摸"；"了无干涉"指自身无所干涉，即未尝实下工夫，如朱熹在 Z44 中也曾说"爱之与仁，了无干涉"，以批评湖湘学派离爱言仁。总之，朱熹、张栻原则上都赞成，不将仁视为与己无关的想象之物，为此张栻采用程门类聚言仁的传统做法，而朱熹则在 Z16 中以为此法亦有弊。

"如未尝下博学、笃志、切问、近思工夫，便做'仁在其中矣'想象，此等极害事。" 典出《论语·子张》："子夏曰：'博学而笃志，切问而近思，仁在其中矣。'"

---

① 任仁仁、顾宏义编撰：《张栻师友门人往还书札汇编》，第 253 页。
② 杨世文：《张栻朱熹书信编年考证》，第 205 页；任仁仁、顾宏义编撰：《张栻师友门人往还书札汇编》，第 253 页。

Z16（类聚孔孟言仁处）

类聚孔、孟言仁处，以求夫仁之说，程子为人之意，可谓深切。然专一如此用功，却恐不免长欲速好径之心、滋入耳出口之弊，亦不可不察也。大抵二先生之前，学者全不知有"仁"字，凡圣贤说仁处，不过只作"爱"字看了。自二先生以来，学者始知理会"仁"字，不敢只作爱说。然其流复不免有弊者。盖专务说仁，而于操存涵泳之功，不免有所忽略，故无复优柔厌饫之味、克己复礼之实，不但"其蔽也愚"而已；而又一向离了"爱"字，悬空揣摸，既无真实见处，故其为说恍惚惊怪，弊病百端，殆反不若全不知有"仁"字而只作"爱"字看却之为愈也。

熹窃尝谓若实欲求仁，固莫若力行之近。但不学以明之，则有擿埴冥行之患，故其蔽愚。若主敬、致知交相为助，则自无此蔽矣。若且欲晓得仁之名义，则又不若且将"爱"字推求。若见得仁之所以爱，而爱之所以不能尽仁，则仁之名义意思了然在目矣，初不必求之于恍惚有无之间也。此虽比之今日高妙之说稍为平易，然《论语》中已不肯如此迫切注解说破，至《孟子》方间有说破处。然亦多是以爱为言，如恻隐之类。殊不类近世学者惊怪恍惚、穷高极远之言也。

今此录所以释《论语》之言，而首章曰"仁其可知"，次章曰"仁之义可得而求"，其后又多所以"明仁之义"云者，愚窃恐其非圣贤发言之本意也。又如首章虽列二先生之说，而所解实用上蔡之意，正伊川说中间者所谓"由孝弟可以至仁"，而先生非之者，恐当更详究之也。

按《遗书》：或问："中之道莫与喜怒哀乐未发谓之中同否？"先生曰："喜怒哀乐之未发，是言在中之义。只是一个'中'字，用处不同。"又曰："中所以状性之体段。"又曰："中之为义，自过不及而立名。"又曰："不偏之谓中。道无不中，故以中形道。"又曰："与叔谓不倚之谓中，甚善，而语由未莹。"或问："何故未莹？"曰："无倚着处。"熹按：此言"中之道"与"在中之义"不同，不知如何分别？既曰"状性"，又曰"形道"，同异如何？所谓"自过不及"而得名之中，所谓"不偏"之中，所谓"无倚着处"之中，与所谓"中之道"、"在中义"复何异同？皆未能晓然无疑，敢请其说。

明道先生说"推己及物之谓恕"乃违道不远之事，而一贯之忠恕自与违道不远异。盖一以贯之，则自然及物，无待乎推矣。伊川先生《经解》于"一以贯之"处却云"推己之谓恕"，似与明道不同。而于乾道变化、各正性命之说似亦相戾，不知何谓？解中又引《孟子》"尽其心者知其性也"一句，岂以"尽心"释"尽己"之义耶？如此则文意未足，且与寻常所说尽心之意亦自不合。一本下文更有两句云："知性则知天矣，知天则道一以贯也。"若果有此两句，则似不以"尽心"释"尽己"，却是以"知天"说"一贯"。然知天亦方是真知得一贯之理，与圣人一贯之实又似更有浅深也。反复推寻，未得其说，幸思之，复以见教。

曾子告孟敬子语，只明道、和靖说得浑全，文意亦顺，其它说皆可疑。向来牵合，强为一说，固未是，后来又以《经解》之说指下句为工用处，亦未然也。不审尊意以为如何？（《朱文公文集》卷三一）

【系年】

此信上承 S28 而来，当同在乾道八年（1172）。陈来以为此信当作于乾道七年张栻返回长沙后，故系于同年，[①] 但张栻于当年十二月方到长沙，此信恐宜系于次年，即乾道八年。任仁仁、顾宏义以为此信当在朱熹与张栻所论观过知仁数通书信后，又系于乾道八年夏秋之际。[②]

【疏证】

"类聚孔、孟言仁处，以求夫仁之说，程子为人之意，可谓深切。然专一如此用功，却恐不免长欲速好径之心、滋入耳出口之弊，亦不可不察也。"此是回应张栻在 S28 中所言："《论语仁说》，区区之意，见学者多将'仁'字做活络揣度，了无干涉，如未尝下博学、笃志、切问、近思工夫，便做'仁在其中矣'想

---

① 陈来：《朱子书信编年考证》（增订本），第 84 页。
② 任仁仁、顾宏义编撰：《张栻师友门人往还书札汇编》，第 256 页。

象，此等极害事。故编程子之说，与同志者讲之，庶几不错路头。"

"大抵二先生之前，学者全不知有'仁'字，凡圣贤说仁处，不过只作'爱'字看了。自二先生以来，学者始知理会'仁'字，不敢只作爱说。然其流复不免有弊者。盖专务说仁，而于操存涵泳之功，不免有所忽略。"这句朱熹既批评汉唐儒者，也批评包括湖湘学派在内的程门后学，朱熹甚至认为程门后学之弊要甚于汉唐儒者，以致下文云"其为说恍惚惊怪，弊病百端，殆反不若全不知有'仁'字而只作'爱'字看却之为愈也"。

"不学以明之，则有擿埴冥行之患，故其蔽愚。"典出《论语·阳货》"好仁不好学，其蔽也愚"。

"又如首章虽列二先生之说，而所解实用上蔡之意，正伊川说中问者所谓'由孝弟可以至仁'，而先生非之者，恐当更详究之也。""伊川说"，或指程颐所著《论语解》，但此问并不见于今本《论语解》，而见于《遗书》中刘元承所记语录，上蔡之说尚存于《论孟精义》。① 朱熹以为，当时程门言仁之失始于谢良佐，湖湘学派言仁之差，亦由此而来。在朱熹看来，谢良佐论仁"不主乎为仁而主乎知仁"，"以活物为仁，死者为不仁，但能识此活物乃为知仁，而后可以加操存践履之功"，这即是欠缺了实践工夫，湖湘学派先察识后涵养的工夫亦是如此。②

"曾子告孟敬子语，只明道、和靖说得浑全，文意亦顺，其

① 《二程集》，第183页；《论孟精义》，第31页。
② 《四书或问》，《朱子全书》（修订本）第6册，第614页。

它说皆可疑。""曾子告孟敬子语"典出《论语·泰伯》。朱熹之所以赞同程颢和尹焞之说，其后在《论语集注》中也引二人之说，主要是因为程颢、尹焞之说有注重修己即主敬于未发已发的意味。

S4 （近伯逢方送所论观过之说来）

近伯逢方送所论"观过"之说来。某前日《洙泗言仁》中亦有此说，不知如何？大抵以此自观，则可以察天理人欲之浅深；以此观人，亦知人之要也。岳下诸公尚执前说，所谓帘窥壁听者，甚中其病耳。伯恭昨日得书，犹疑《太极说》中体用先后之论，要之须是辨析分明，方真见所谓一源者。不然，其所谓一源，只是臆度想象耳。但某意却疑仁义中正分动静之说，盖是四者皆有动静之可言，而静者常为之主，必欲于其中指二者为静，终有弊病。兼恐非周子之意。周子于"主静"字下注云"无欲故静"，可见矣。如云"仁所以生"，殊觉未安。生生之体即仁也，而曰仁所以生，如何？周子此图固是毫分缕析，首尾洞贯，但此句似不必如此分。仁义中正，自各有义，初非混然无别也。更幸见教。（《张栻集》卷二〇）

【系年】

此信或在乾道八年（1172）。束景南以为朱熹曾在乾道四年与八年两度与人讨论"观过知仁"，此信中提及乾道六年张栻所作

《洙泗言仁录》和同年朱熹所作《太极图说解》，故当在1172 年。①

【疏证】

"近伯逢方送所论'观过'之说来"。"'观过'之说"当指朱熹所作《观过说》。束景南认为朱熹曾在乾道四年与友人讨论"观过知仁"，并作《观过说》，至八年再次与张栻等人讨论"观过知仁"。②《观过说》表面是借助程颐、尹焞对于《论语·里仁》中"人之过也，各于其党，观过，斯知仁矣"的解释，但其核心是反对湖湘学派先察识工夫的"自观己过可以知仁"，朱熹认为"观过知仁"不如"养心求仁"的涵养践履工夫。依程颐、尹焞所解，观过是观君子、小人等各类人之过失，君子、小人虽各有所失，但君子常失于厚，小人常失于薄，观此可知君子之仁、小人之不仁。而湖湘学派因以知觉为仁，所以将观过解释为观己过而非观众人之过，观过知仁就变成了工夫实践者时刻察识己心之过失，所以朱熹在《观过说》开篇即指出，观过"以伊川之说推之，似非专指一人而言，乃是通论人之所以有过"。③

"某前日《洙泗言仁》中亦有此说"。张栻于"观过知仁"前后也有两解。《朱子语类》载："问：'昨与刘公度看南轩为先生作《韦斋记》，其间说观过知仁一段，以所观在己。及《洙泗言仁

---

① 《张栻年谱》以为《洙泗言仁录》在1170 年，束景南以为当在其后。参王开琸、胡宗楙、高畑常信著，邓洪波辑校：《张栻年谱》，第57 页；束景南：《朱熹年谱长编》（增订本），第476—477 页。

② 《朱文公文集》卷六七，《朱子全书》（修订本）第23 册，第3271—3272 页；束景南：《朱熹年谱长编》（增订本），第401 页。

③ 《朱文公文集》卷六七，《朱子全书》（修订本）第23 册，第3271 页。

论》，又以所观在人。不知二说先生孰取。'曰：'观人底是。'"①
因为朱熹在《观过说》中明确反对湖湘学派将观过理解为观己心
之过，所以张栻去信朱熹，提及自己在《洙泗言仁录》中也有观
众人之过的诠释。

"**大抵以此自观，则可以察天理人欲之浅深；以此观人，亦知
人之要也。**"张栻认为"观过知仁"之说，当包括湖湘学派的"自
观"和朱熹在《观过说》中提到的"观人"两方面。但朱熹在
Z17中，反对了张栻将观过区分为"自观"和"观人"的路径，
以为这是"又一句岐为二说"。不过湖湘学派观过知仁之说，本继
承自程颢识仁之说，张栻这一回应，确实未能击中朱熹要害，而
之后又被朱熹所牵引而未能坚守师说，以致此后张栻门人周奭也
质疑张栻何以放弃旧说。②

"**伯恭昨日得书，犹疑《太极说》中体用先后之论。**"吕祖谦
致张栻此信已不存，但吕祖谦之意，尚存于其致朱熹的信中："如
《易传序》'体用一源，显微无间'，先体后用、先显后微之说，恐
当时未必有此意。"③ 吕祖谦所反对的，是朱熹在《太极图说解》
中"必体立而后用有以行"之说。④

"**仁义中正分动静之说**"。指朱熹以仁、中为静，而以义、正
为动；张栻更倾向于仁义中正各有动静。吕祖谦此时给朱熹的

---

① 《朱子语类》卷二六，第659页。
② 《张栻集》卷三一，第1237页。
③ 《东莱吕太史别集》卷七，《吕祖谦全集》第1册，第407页。
④ 《太极图说解》，《朱子全书》（修订本）第13册，第75页。今本所存
《太极图说解》是朱熹乾道九年完成之定稿，而非朱熹自乾道六年开始
与张栻、吕祖谦等人往来讨论之草稿，但体用先后之意大体如此。

《太极图义质疑》中，也批评朱熹"专指中与仁为静，却似未安"，张栻此后给吕祖谦的信中，也指出朱熹于"仁义中正之论，终持旧说"。①

Z17（大抵观过知仁之说）

大抵"观过知仁"之说，欲只如尹说，发明程子之意，意味自觉深长。如来喻者，犹是要就此处强窥仁体，又一句岐为二说，似未甚安帖也。又太极中正仁义之说，若谓四者皆有动静，则周子于此更列四者之目为剩语矣。但熟玩四字指意，自有动静，其于道理极是分明。盖此四字便是元、亨、利、贞四字，仁元，中亨，义利，正贞。元、亨、利、贞一通一复，岂得为无动静乎？近日深玩此理，觉得一语嘿、一起居，无非太极之妙，正不须以分别为嫌也。"仁所以生"之语固未莹，然语仁之用，如此下语似亦无害。不审高明以为如何？（《朱文公文集》卷三一）

【系年】

此信当在乾道八年（1172），与 S4 前后相续。

---

① 《东莱吕太史别集》卷一六，《吕祖谦全集》第 1 册，第 591 页；《张栻集》卷二五，第 1134 页。

【疏证】

"**只如尹说，发明程子之意。**"《四书章句集注》中引二人之说，程子曰："人之过也，各于其类。君子常失于厚，小人常失于薄；君子过于爱，小人过于忍。"尹氏曰："于此观之，则人之仁不仁可知矣。"朱熹亦有案语："此亦但言人虽有过，犹可即此而知其厚薄，非谓必俟其有过，而后贤否可知也。"①《四书章句集注》此虽未明言，但当是针对湖湘学派观过知仁之说而发。

"**如来喻者，犹是要就此处强窥仁体，又一句岐为二说，似未甚安帖也。**"朱熹批评张栻的"自观（过以知仁）"，还是少"行"的工夫，而依旧是湖湘学派察识仁体的路数。"又一句岐为二说"，指张栻 S4 中将"观过"区分为"自观"和"观人"的路径。在朱熹看来，只要还保留"自观（过以知仁）"这样的路径，就依旧是有问题的。

"**又太极中正仁义之说，若谓四者皆有动静，则周子于此更列四者之目为剩语矣。**"宋时烈以为此处之意"若如南轩说，则只当曰仁为静而恻隐为动，更列四者为剩语"；金迈淳以为宋时烈所解不当，朱熹之意是"若谓四者皆有动静，则图说上文有五性感动之语，承此文而只说主静足矣，更列中正仁义为剩语也"。②

S29（比闻刊小书版以自助）

比闻刊小书版以自助，得来谕乃敢信。想是用度大段

---

① 朱熹撰：《四书章句集注》，中华书局，1983 年，第 71 页。
② 《朱子大全劄疑问目标补》卷六，第 419—420 页。

逼迫，某初闻之，觉亦不妨，已而思之，则恐有未安者，来问之及，不敢以隐。今日此道孤立，信向者鲜，若刊此等文字，取其赢以自助，切恐见闻者别作思惟，愈无灵验矣。虽是自家心安，不恤它说，要是于事理终有未顺耳。为贫之故，宁别作小生事不妨。此事某心殊未稳，不识如何？见子飞，说宅上应接费用亦多，更深加撙节为佳耳，又未知然否？（《张栻集》卷二一）

【系年】

此信或在乾道八年（1172），与朱熹《答林择之（深父遂死客中）》前后相续。《答林择之（深父遂死客中）》中所言"钦夫颇以刊书为不然，却云别为小小生计却无害，此殊不可晓"，当是此信所云"为贫之故，宁别作小生事不妨"。[1] 陈来将《答林择之（深父遂死客中）》系于乾道八年，任仁仁、顾宏义及杨世文由此将 S29 系于同年；杨世文另据张栻所作《湖南参议宋与道奉祠归崇安里中赋此以别》与《祭宋子飞参议》，以为乾道八年夏，宋翔由长沙归崇安，逝于当年秋，因此又将 S29 系于此年夏秋之间。[2]

束景南此信系年似有两说。其一为乾道八年，以为信中所言"小书版"即小本《遗书》《文集》《经说》。[3] 其二为乾道九年

---

[1] 《朱文公别集》卷六，《朱子全书》（修订本）第 25 册，第 4946 页。

[2] 陈来：《朱子书信编年考证》（增订本），第 102 页；任仁仁、顾宏义编撰：《张栻师友门人往还书札汇编》，第 257 页；杨世文：《张栻朱熹书信编年考证》，第 205—206 页。

[3] 束景南：《朱熹年谱长编》（增订本），第 441 页。

（1173），束景南以为信中所言"小书版"，即是乾道九年朱熹给吕祖谦信中屡次提及的"小本《易传》"，同时信中明确提到朱塾前往吕祖谦处学举业，而朱塾之往谒吕祖谦始于乾道九年六月。①

【疏证】

"比闻刊小书版以自助"。所谓"小书版"，陈荣捷以为或是经子、《近思》《小学》《精义》《汉书》诸书。② 束景南以为或是二程所作《遗书》《文集》《经说》。③ 束景南另有一说，以为是朱熹给吕祖谦信中多次提及的"新刻小本《易传》"，即由朱熹校、吕祖谦刻于婺州的《周易程氏传》，任仁仁、顾宏义承此说。④

"子飞"。即宋翔，宋翔为崇安人，与朱熹同乡，又为张浚门客。

Z18（细看言仁序云）

细看《言仁序》云："虽欲竭力以为仁，而善之不明，其弊有不可胜言者。"此数句似未安。为仁固是须当明善，然"仁"字主意不如此，所以孔子每以"仁""智"对言之也。近年说得"仁"字与"智"字都无分别，故于令尹子文、陈文子事说得差殊，气象浅迫，全与

---

① 束景南：《朱熹年谱长编》（增订本），第505—506页。
② 陈荣捷：《朱学论集》，台湾学生书局，1982年，第222页。
③ 束景南：《朱熹年谱长编》（增订本），第441页。
④ 束景南：《朱熹年谱长编》（增订本），第505页；任仁仁、顾宏义编撰：《张栻师友门人往还书札汇编》，第256—257页。

圣人语意不相似。观此序文意思首尾，恐亦未免此病。更惟思之，如何？（《朱文公文集》卷三一）

【系年】

此信当在乾道八年（1172），所论议题上承 Z16 而来。

【疏证】

"细看《言仁序》云：'虽欲竭力以为仁，而善之不明，其弊有不可胜言者。'此数句似未安。"张栻《洙泗言仁序》中所言，本质上还是"知仁"先于"为仁"，而这即是朱熹《观过说》中所反对的。今传张栻《洙泗言仁序》中已删去此句。

"孔子每以'仁''智'对言之也。近年说得'仁'字与'智'字都无分别，故于令尹子文、陈文子事说得差殊，气象浅迫，全与圣人语意不相似。""令尹子文、陈文子事"典出《论语·公冶长》，此章屡言"未知，焉得仁"，朱熹引此以重申"知""仁"之异。胡宏给张栻的信中，曾多次提及《论语》此章，朱熹与门生论及胡宏所解时，以为"五峰说令尹子文陈子文处，以知为重"。[1] 胡宏所解，如说"仁之道大，须见大体，然后可以察己之偏而习于正"，以及"仁也者，人之所以为天也，须明得天理尽，然后克己以终之"，皆是以"知仁"为先、"为仁"为后。[2]

---

[1] 《朱子语类》卷二九，第735页。
[2] 《胡宏集》，第130页。

Z19 （中字之说甚善）

"中"字之说甚善，而所论状性、形道之不同尤为精密，开发多矣。然愚意窃恐程子所云"只一个中字，但用不同"，此语更可玩味。夫所谓"只一个中字"者，"中"字之义未尝不同，亦曰不偏不倚、无过不及而已矣。然"用不同"者，则有所谓"在中之义"者，有所谓"中之道"者是也。盖所谓"在中之义"者，言喜怒哀乐之未发，浑然在中，亭亭当当，未有个偏倚过不及处。其谓之中者，盖所以状性之体段也。有所谓"中之道"者，乃即事即物自有个恰好底道理，不偏不倚，无过不及。其谓之中者，则所以形道之实也。只此亦便可见来教所谓状性、形道之不同者。但又见得"中"字只是一般道理。以此状性之体段，则为未发之中；以此形道，则为无过不及之中耳。且所谓"在中之义"，犹曰"在里面底道理"云尔，非以"在中"之"中"字解"未发"之"中"字也。愚见如此，不审高明以为如何？

"忠恕"之说，窃意明道是就人分上分别浅深而言，伊川是就理上该贯上下而言。若就人分上说，则违道不远者，贤人推之之事也；一以贯之者，圣人之不待推也。若就理上平说，则忠只是尽己，恕只是推己，但其所以尽、所以推，则圣贤之分不同，如明道之说耳。圣人虽不待推，然由己及物，对忠而言，是亦推之也。大抵明道之言发明极致，通透洒落，善开发人。伊川之言即事明理，质悫精深，尤耐咀嚼。然明道之言一见便好，久看愈好，所以"贤愚皆获其益"。伊川之言乍见未好，久看方好，故非久于玩索者不能识其味。此其自任所以有成人材、尊师道之不同。明道浑然天成，不犯人力。伊川功夫造极，可夺天巧。所引尽心知天，恐是充扩得去之意，不知是否？

秦、汉诸儒解释文义虽未尽当，然所得亦多。今且就分数多处论之，则以为得其言而不得其意，与夺之际，似已平允。若更于此一向刻核过当，却恐意思迫窄而议论偏颇，反不足以服彼之心，如向来所论《知言》不当言释氏欲仁之病矣。大率议论要得气象宽宏，而其中自有精密透漏不得处，方有余味。如《易传序》中说秦、汉以来儒者之弊，及令人看王弼、胡安定、王介甫《易》之类，亦可见矣。况此序下文反复致意，不一而足，不应犹有安于卑近之嫌也。又所谓"言虽近而索之无穷，指虽远而操之有要"，自谓此言颇有含蓄，不审高明以为如何？

以爱论仁，犹升高自下，尚可因此附近推求，庶其得之。若如近日之说，则道近求远，一向没交涉矣。此区区所以妄为前日之论，而不自知其偏也。至谓类聚言仁，亦恐有病者，正为近日学者厌烦就简，避迂求捷，此风已盛，方且日趋于险薄，若又更为此以导之，恐益长其计获欲速之心，方寸愈见促迫纷扰，而反陷于不仁耳。然却不思所类诸说，其中下学上达之方，盖已无所不具，苟能深玩而力行之，则又安有此弊？今蒙来喻，始悟前说之非，

敢不承命？然犹恐不能人人皆肯如此悫实用功，则亦未免
尚有过计之忧。不知可以更作一后序，略采此意以警后之
学者否？不然，或只尽载此诸往返议论以附其后，亦庶乎
其有益耳。不审尊意以为如何？（《朱文公文集》卷三一）

【系年】

此信当系于乾道八年（1172），学者罕有疑义。Z20 朱熹自注
"壬辰冬"，即乾道八年底，而 Z19 与 S5、S6、S9、Z20 诸信皆
相关。

【疏证】

"'忠恕'之说，窃意明道是就人分上分别浅深而言，伊川是
就理上该贯上下而言。"程颢以为"以己及物，仁也。推己及物，
恕也。违道不远是也。忠恕一以贯之。忠者天理，恕者人道。忠者无
妄，恕者所以行乎忠也。忠者体，恕者用，大本达道也。此与
'违道不远'异者，动以天尔"；程颐《论语解》以为"尽己之谓
忠，推己之谓恕。忠，体也；恕，用也"。[1]

"贤愚皆获其益"。此语出自程颐所作《明道先生行状》。[2]

"如《易传序》中说秦、汉以来儒者之弊，及令人看王弼、胡
安定、王介甫《易》之类，亦可见矣。"《易传序》即《周易程氏

---

① 《二程集》，第 124 页、1138 页。《朱子大全劄疑问目标补》卷六，第
423 页。

② 《二程集》，第 638 页；垣内景子：「『朱子文集』訳註（四）」，『論叢·
アジアの文化と思想』第 5 辑，1996 年，第 25 页。

传》之序，今本《二程集》所附《易传序》，学者多以为非程颐所作。① 不过《近思录》卷三亦收此序。此处朱熹所言"秦、汉以来儒者之弊"，或即此序中所言"前儒失意以传言，后学诵言而忘味，自秦而下，盖无传矣"。② 程颐在《与金堂谢君书》中曾言："若欲治《易》，先寻绎令熟，只看王弼、胡先生、王介甫三家文字，令通贯，余人《易》说，无取枉费功。"③

S5（中字之说甚密）

"中"字之说甚密，但"在中"之义，作"中外"之"中"未安，详苏季明再问伊川答之之语自可见。盖喜怒哀乐未发，此时盖在乎中也。只如是涵养，才于此要寻中，便不是了。若只说作在里面底道理，然则已发之后，中何尝不在里面乎？幸更详之。又《中庸》之云"中"，是以中形道也；喜怒哀乐未发之谓中，是以中状性之体段也。然而性之体段不偏不倚、亭亭当当者，是固道之所存也。道之流行，即事即物，无不有恰好底道理，是性之体段亦无适而不具焉。如此看，尤见体用分明，不识何如？"忠恕"之说如来谕，《精义》序引亦已亡疑。《言仁》已载往返议论于后，今录呈。所论"一"字，若如老子以形

---

① 相关学术史回顾可参唐纪宇：《程颐〈周易程氏传〉研究》，人民出版社，2016 年，第 261—266 页。
② 《二程集》，第 689 页。
③ 《二程集》，第 613 页。

而下者言，则可与二、三通数；若如《知言》指道而言，则难于复与器通数二、三也。"心譬之水"一节，某意谓孟子只将水无有不下比人无有不善，意味极完，性情之理具矣。今将心譬之水，去水上用意，差错许多字，固不为无义，但恐终费力耳。所论《知言》中余说再三详之，未有疑可复也。（《张栻集》卷二〇）

【系年】

此信或在乾道八年（1172）。疑 S5 论"中"相关讨论，是接 Z16 朱熹的一连串问题而说，如论"中"是"状性"与"形道"之异同，论"忠恕"等。

【疏证】

"详苏季明再问伊川答之之语自可见"。此句或是呼应 Z16 中"先生曰：'喜怒哀乐之未发，是言在中之义。只是一个"中"字，用处不同。'"一句。

"今将心譬之水，去水上用意，差错许多字，固不为无义，但恐终费力耳。"此与 Z20"心譬之水，因《知言》有此言而发"所指正是一事。

S6（天命之谓性）

"天命之谓性"，所解立言极明快；但"率性之谓道"，窃疑仁义礼智是乃道也。今云"循性之仁，则有所谓父子之道"，却恐费力，更幸莹之。又如"审其是非而修之，则知之教无不充"之类，亦未稳当。兼此首章三语，以某所见，更须详味《伊川先生遗书》中语。某亦方欲下一转语，俟却录去求教也。"在中"之说，前书尝及之，未知如何。"中者性之体，和者性之用"，恐未安。中也者，所以状性之体段，而不可便曰中者性之体；若曰性之体中，而其用则和，斯可矣。（《张栻集》卷二〇）

【系年】

此信当在乾道八年（1172）年底。论者多以为 S6 与 S7、S13、S21、Z21、Z23、Z24、Z25 当在一时，信中讨论《中庸章句》时，文字多有互见之处，详见各篇疏证。此组书信，是乾道八年底朱熹将《中庸章句》首章、全书初稿寄送张栻后，当年底至次年春二人就相关内容加以讨论的往来书信。[①] 其中如 S13、S21 皆提到刘珙乾道八年底再帅湖南一事，因此此诸封信当在此时前后。

此组书信彼此次第，学者稍有不同看法，有学者以为 Z21 是对 S7 和 S13 的回复，Z21 当在 S13 之后。不过 S13 中，张栻云"所谓'观书当虚心平气，以徐观义理之所在，如其可取，虽世俗庸人之言有所不废；如有可疑，虽或传以为圣贤之言，亦须更加审择'，斯言诚是也"，张栻所引文字即出自 Z21，可证 S13 当在 Z21 之后。又，1172 年底后，朱熹与张栻另一次集中讨论《中庸章句》，为淳熙二年（1175）。

[①] 束景南：《朱熹年谱长编》（增订本），第 479—480 页；任仁仁、顾宏义编撰：《张栻师友门人往还书札汇编》，第 264 页；杨世文：《张栻朱熹书信编年考证》，第 194—195 页、197 页。

【疏证】

"窃疑仁义礼智是乃道也"。朱熹此时应是将《中庸章句》首章寄与张栻，而张栻对于朱熹所解《中庸》首三句，即"天命之谓性，率性之谓道，修道之谓教"中的后两句有所疑义。朱熹以为天命之性即是仁义礼智，并延续了程门以"循"解"率"，如此"率性之谓道"可以理解为"循仁之性而有父子之道"。朱熹初稿今已不存，但《中庸或问》中或仍保留些许痕迹，如说"循其仁之性，则自有父子之亲，以至于仁民爱物，皆道也"。[1] 程门对于《中庸》首章性、道、教三者之异同多有争论，张栻信中认为仁义礼智本就是道而非性，但未说明其反对的理由。任仁仁、顾宏义以为此处标点应为"今云'循性之仁'，则有所谓父子之道，却恐费力，更幸莹之"，亦未可知。[2]

"'审其是非而修之，则知之教无不充'之类，亦未稳当。"朱熹《中庸章句》初稿解释"修道之谓教"或有"仁义礼知"四者之教的表述，张栻批评其中有欠妥之处。

S7（示及中庸首章解义）

示及《中庸》首章解义，多所开发，然亦未免有少疑，具之别纸，望赐谕也。所分章句极有功，如后所分十四节尤为分明，有益玩味，但《家语》之证终未安。《家

---

① 《四书或问》，《朱子全书》（修订本）第 6 册，第 551 页。
② 任仁仁、顾宏义编撰：《张栻师友门人往还书札汇编》，第 259 页。

语》其间驳杂处非一，兼与《中庸》对，其间数字不同，便觉害事。以此观之，岂是反取《家语》为《中庸》耶？又如所引证"及其成功一也"之下，有哀公之言，故下文又有"子曰"字。观《家语》中一段，其间哀公语有数处，何独于此以"子曰"起之耶？某谓传世既远，编简中如"子曰"之类，亦未免有脱略。今但当玩其辞气，如明道先生所谓致与位字非圣人不能言，子思盖传之耳。此乃是读经之法，若必求之它书以证，恐却泛滥也，不知如何？又如云此一节明道之隐处，此一节明道之费处，亦恐未安。"君子之道费而隐"，此两字减一个不得。圣人固有说费处、说隐处，然亦未尝不两具而兼明之也。未知如何？（《张栻集》卷二〇）

【系年】

此信约在乾道八年（1172）年末。束景南以为朱熹在乾道八年十月先将《中庸章句》首章寄与张栻，后在十二月寄去全本《中庸章句》。[①] 此信中提及"哀公问政"及"君子之道费而隐"等章，可见此时张栻已获全本。

【疏证】

"**所分章句极有功，如后所分十四节尤为分明。**"朱熹极为重视《大学》《中庸》之分章，今本《中庸章句》为三十三章，与郑注、孔疏皆有不同。具体一章内有时又有分节，据《中庸辑

---

① 束景南：《朱熹年谱长编》（增订本），第480页。

略》，可知首章又分三节、第二十章又分六节。此处"十四节"具体所指尚难确知，但大体类似。

"但《家语》之证终未安"。《中庸》"哀公问政"以下相关内容颇为芜杂，《孔子家语》亦有所载，且详于《中庸》，历代皆有学者讨论两者关系。但此处张栻所谓"《家语》之证"，或特指朱熹引《家语》以说明《中庸》此章中一处"子曰"二字为衍文。今本《中庸章句》第二十章案语处，朱熹对此有所说明："《孔子家语》亦载此章，而其文尤详。'成功一也'之下，有'公曰：子之言美矣！至矣！寡人实固，不足以成之也'。故其下复以'子曰'起答辞。今无此问辞，而犹有'子曰'二字；盖子思删其繁文以附于篇，而所删有不尽者，今当为衍文也。"① 张栻或以为朱熹以此证明《中庸》经文中"子曰"二字为衍文，过于牵强草率。

"如明道先生所谓致与位字非圣人不能言，子思盖传之耳。"出自《程氏遗书》中记程颢语录："'喜怒哀乐之未发谓之中，发而皆中节谓之和。中也者，天下之大本也。和也者，天下之达道也。致中和，天地位焉，万物育焉。'致与位字，非圣人不能言，子思盖特传之耳。"②

"又如云此一节明道之隐处，此一节明道之费处，亦恐未安。"今本《中庸章句》自第十二章"君子之道费而隐"后数章，朱熹或以为某一章言费、某一章言隐、某一章兼有费隐，而张栻以为

---

① 《四书章句集注》，第 32 页。
② 《二程集》，第 136 页。

此种分疏太过分割离析。朱熹在 Z21 中回复张栻这一批评："论费隐处，后来略已修改，如来喻之意。然若必谓两字全然不可分说，则又是向来伯恭之论体用一源矣。"S21 中，张栻再次指出："如《中庸章句》中所指费、隐，虽是圣人寻常亦有说费处、说隐处，然如所指，却有未免乎牵强者，恐此数段不必如此指杀。"随后在 S74 中，张栻对《中庸》费隐问题也有所说明，以为"若此二字，凡圣贤之言皆可如是看，似不必以为下数章皆是发明此二字也"。

Z21（所引家语）

所引《家语》，只是证明《中庸章句》，要见自"哀公问政"至"择善固执"处只是一时之语耳，于义理指归初无所害，似不必如此力加排斥也。大率观书，但当虚心平气以徐观义理之所在，如其可取，虽世俗庸人之言有所不废；如有可疑，虽或传以为圣贤之言，亦须更加审择，自然意味平和，道理明白，脚踏实地，动有据依，无笼罩自欺之患。若以此为卑近，不足留意，便欲以明道先生为法，窃恐力量见识不到它地位，其为泛滥殆有甚焉，此亦不可不深虑也。且不知此章既不以《家语》为证，其章句之分当复如何为定耶？《家语》固有驳杂处，然其间亦岂无一言之得耶？一概如此立论，深恐终启学者好高自大之弊，愿明者熟察之。其他如首章及论费隐处，后来略已修改，如来喻之意。然若必谓两字全然不可分说，则

又是向来伯恭之论体用一源矣。如何如何？（《朱文公文集》卷三一）

【系年】

此信应在乾道八年（1172）年末，当在 S7 和 S13 之间，可据两书系年。

【疏证】

"**便欲以明道先生为法**"。即 S7 中张栻所言"如明道先生所谓致与位字非圣人不能言，子思盖传之耳"。

"**其他如首章及论费隐处，后来略已修改，如来喻之意。然若必谓两字全然不可分说，则又是向来伯恭之论体用一源矣。**"金迈淳以为"略已修改"的"首章及论费隐处"，即 S6、S7 张栻指出的几条。[①] 但朱熹并未全盘采纳 S7 中张栻所提出的《中庸》费、隐二字不可分说的意见。

S13（来书披玩再四）

来书披玩再四，所以开益甚多。所谓爱之理发明甚有力，前书亦略及之矣。区区并见别纸，嗣有以见告是幸。《中庸》所引《家语》之证，非是谓《家语》中都无可取，但见得此章证得亦无甚意思，俟更详之。所改定本，亦幸早示，得以考究求教。《克斋铭》读之无可疑者，但

---

① 《朱子大全劄疑问目标补》卷六，第425—526页。

以欠数句说克己下工处如何。《敬斋箴》皆当书之坐右
也。《洙泗言仁》中"当仁不让于师"之义，旧已改，
"孝悌为仁之本"、"巧言令色鲜仁"之义，今亦已正，并
序中后来亦多换，却纳一册去上呈。所谓"观书当虚心
平气，以徐观义理之所在，如其可取，虽世俗庸人之言
有所不废；如有可疑，虽或传以为圣贤之言，亦须更加
审择"，斯言诚是也。然所谓虚心平气者，岂独观书当
然？某既已承命，而因敢复以为献也。某近作一《拙斋
记》，并录往，幸为删之。安国所寄书册今附去，数见
别纸。石屏一枚似胜前，如何？共父之势，想必此来，
异时却易得便，第未知再见之日，怀向殊不胜情耳。
《中庸集解》俟更整顿，小字欲尽移作大字，又恐其间
逐句下有解释，难移向后。俟师圣之说多可疑，然亦有
好处也。魏元履，杭两次作书托虞丞附去，不知何故不
达，来谕皇恐，岂有此哉？今复有数字往问其疾，且谢
之也。子飞家事闻之伤心，其子之丧，恐亦宜早归土
也。(《张栻集》卷二〇)

【系年】

此信约在乾道八年（1172）年底。信中提及刘珙再帅湖南和
魏元履身染重疾诸事，刘珙再帅湖南在乾道八年十二月，魏元履
病逝于九年正月，论者皆以此为线索，但系年稍有差异，或以为
在乾道八年十月，或以为在乾道八年十一月左右，或以为在乾道

九年春。①

【疏证】

"来书披玩再四"。"来书"或特指朱熹随信寄来的《仁说》。

"所谓爱之理发明甚有力，前书亦略及之矣。""爱之理"即朱熹在《仁说》后半部分以"爱之理"解仁。"前书"不知所指。张栻此时虽然赞成"爱之理"，但恐怕也是有所保留的肯定，毕竟"爱之理"之说从反对以爱言仁的角度来说，与程门仁性爱情的主张是一致的。不过，在 S21 中，张栻以为朱熹"爱之理"的新解，"传之亦恐未免有流弊耳"。

"《中庸》所引《家语》之证，非是谓《家语》中都无可取，但见得此章证得亦无甚意思，俟更详之。"此承 Z21 "《家语》固有驳杂处，然其间亦岂无一言之得耶"而来。

"所改定本，亦幸早示。""定本"指《中庸章句》改定之本。

"《克斋铭》读之无可疑者"。《克斋铭》，论者多以为即是朱熹在《仁说》同期所作《克斋记》，"铭"乃"记"字之误。②许家星以为《克斋铭》非《克斋记》，而是指朱熹另外所作《克己斋铭》。③

"所谓'观书当虚心平气，以徐观义理之所在，如其可取，虽

---

① 束景南：《朱熹年谱长编》（增订本），第 479—480 页；杨世文：《张栻朱熹书信编年考证》，第 198 页；任仁仁、顾宏义编撰：《张栻师友门人往还书札汇编》，第 265 页。

② 陈来：《朱子书信编年考证》（增订本），第 94 页；杨世文：《张栻朱熹书信编年考证》，第 198 页。

③ 许家星：《朱子、张栻"仁说"辨析》，《中国哲学史》2011 年第 4 期，第 38 页。

世俗庸人之言有所不废；如有可疑，虽或传以为圣贤之言，亦须更加审择'，斯言诚是也。"其中引文出自 Z21。

"《拙斋记》"。朱熹、张栻皆有《拙斋记》，此指乾道八年张栻为曾节夫所作《拙斋记》。①

"侯师圣之说多可疑，然亦有好处也。"此时朱熹与张栻信中，既论《中庸章句》，也论《仁说》，侯师圣对于《中庸》和仁皆有所发明，张栻与胡伯逢论及程门高弟所解《中庸》首章和以觉训仁处，皆强调侯师圣与程颐有相似可取之处。②

---

① 《张栻集》卷二〇，第 940—941 页。
② 《张栻集》卷二九，第 1210—1212 页。

Z43（论仁说）（天地以生物为心）

"天地以生物为心。"此语恐未安。

熹窃谓此语恐未有病。盖天地之间，品物万形，各有所事，惟天确然于上，地隤然于下，一无所为，只以生物为事。故《易》曰："天地之大德曰生。"而程子亦曰："天只是以生为道。"其论复见天地之心，又以动之端言之，其理亦已明矣。然所谓"以生为道"者，亦非谓将生来做道也。凡若此类，恐当且认正意，而不以文害词焉，则辨诘不烦，而所论之本指得矣。

不忍之心，可以包四者乎？

熹谓孟子论"四端"，自首章至"孺子入井"，皆只是发明"不忍之心"一端而已，初无义、礼、智之心也。至其下文乃云："无四者之心，非人也。"此可见不忍之心，足以包夫"四端"矣。盖仁包四德，故其用亦如此。

前说之失，但不曾分得体用。若谓"不忍之心"不足以包"四端"，则非也。今已改正。

　　仁专言，则其体无不善而已，对义、礼、智而言，其发见则为不忍之心也。大抵天地之心，粹然至善，而人得之，故谓之"仁"。仁之为道，无一物之不体，故其爱无所不周焉。

　　熹详味此言，恐说"仁"字不着，而以义、礼、智与不忍之心均为发见，恐亦未安。盖人生而静，四德具焉，曰仁曰义曰礼曰智，皆根于心。而未发，所谓理也，性之德也；及其发见，则仁者恻隐，义者羞恶，礼者恭敬，智者是非，各因其体以见其本。所谓情也，性之发也，是皆人性之所以为善者也。但仁乃天地生物之心而在人者，故特为众善之长，虽列于四者之目，而四者不能外焉。《易传》所谓专言之则包四者，亦是正指生物之心而言，非别有包四者之仁，而又别有主一事之仁也。惟是即此一事便包四者，此则仁之所以为妙也。今欲极言"仁"字，而不本于此，乃概以至善目之，则是但知仁之为善，而不知其为善之长也。却于已发见处，方下"爱"字，则是但知已发之为爱，而不知未发之爱之为仁也。又以"不忍之心"与义、礼、智均为发见，则是但知仁之为性，而不知义、礼、智之亦为性也。又谓仁之为道无所不体，而不本诸天地生物之心，则是但知仁之无所不体，而不知仁之所以无所不体也。凡此皆愚意所未安，更乞详之，复以见教。

程子之所诃，正谓以"爱"名"仁"者。

熹按程子曰："仁，性也；爱，情也。岂可便以爱为仁？"此正谓不可认情为性耳，非谓仁之性不发于爱之情，而爱之情不本于仁之性也。熹前说之"爱之发"对"爱之理"而言，正分别性、情之异处，其意最为精密。而来谕每以爱名仁见病，下章又云："若专以爱命仁，乃是指其用而遗其体，言其情而略其性。"则其察之亦不审矣。盖所谓"爱之理"者，是乃指其体、性而言，且见性情体用各有所主而不相离之妙，与所谓"遗体而略性"者，正相南北，请更详之。

元之为义，不专主于生。

熹窃详此语恐有大病。请观诸天地，而以《易·象》《文言》《程传》反复求之，当见其意。若必以此言为是，则宜其不知"所以为善之长"之说矣。此乃义理根源，不容有毫厘之差。窃意高明非不知此，特命辞之未善尔。

孟子虽言仁者无所不爱，而继之以急亲贤之为务，其差等未尝不明。

熹按：仁但主爱，若其等差，乃义之事。仁、义虽不相离，然其用则各有主而不可乱也。若以一仁包之，则义与礼、智皆无所用矣，而可乎哉？"无所不爱"四字，今亦改去。（《朱文公文集》卷三二）

【系年】

《朱子大全劄疑辑补》以为 Z43 至 Z49，皆在乾道九年

（1173）；而陈来以为 Z43 至 Z45，皆在乾道八年。[1]

【疏证】

"'天地以生物为心。'此语恐未安。"《仁说》初稿应有"天地以生物为心"之说，今本《仁说》起首一句亦是如此。张栻在已经佚失的一通信和 S21 中，都对"天地以生物为心"的表述提出质疑，以为不如"天地生物之心"更为稳妥。张栻反对"天地以生物为心"表述的理由，牟宗三和刘述先都以为难以确知。[2]"天地以生物为心"和"天地生物之心"之说，是否蕴含着根本性的差异，学者尚有不同看法。[3] 但据朱熹在此信中的辩护，或是张栻认为"以生物为心"类似于"生之谓性"，容易混淆生物这一气化的现象与作为本体存在的天地之心。而朱熹则援引程颢"天只是以生为道"这一近似句式，既然"以生为道"不会以辞害意，那么"以生物为心"也可如是理解。

"惟天确然于上，地隤然于下。"典出《系辞》"夫乾，确然示人易矣；夫坤，隤然示人简矣"。

"前说之失，但不曾分得体用。若谓'不忍之心'不足以包'四端'，则非也。今已改正。""前说"应指《仁说》初稿。"今已改正"，当指今本《仁说》中"故人之为心，其德亦有四，曰

① 《朱子大全劄疑辑补》卷三二；陈来：《朱子书信编年考证》（增订本），第 94—95 页。
② 牟宗三：《心体与性体》下册，第 235 页；刘述先：《朱子哲学思想的发展与完成》，第 155 页。
③ 许家星：《朱子、张栻"仁说"辨析》，《中国哲学史》2011 年第 4 期；苏铉盛：《朱子与张南轩的仁说论辩》，《湖南大学学报（社会科学版）》2012 年第 6 期，第 38—45 页。

仁、义、礼、智，而仁无不包。其发用焉，则为爱恭宜别之情，而恻隐之心无所不贯"。改正后的表述，"仁"包"仁义礼智四德"之"体"，"恻隐之心"包"四端之心"之"用"，体用分明。张栻所质疑的"不忍之心，可以包四者乎"，或许是因朱熹《仁说》初稿中，径直以恻隐之心包体用，不过这应是朱熹下笔偶有所失，而非对于义理有所含混。《朱子大全劄疑辑补》以为张栻质疑或是因为"先生《仁说》初本不言仁包义、礼、智为体，而只言恻隐之包羞恶、恭敬、是非，故南轩以为疑"；牟宗三则以为张栻此处质疑，或因朱熹此时对于仁性爱情之体用尚未分清楚。①

"仁专言，则其体无不善而已，对义、礼、智而言，其发见则为不忍之心也。""专言"学者所解颇多不切，其意大体为专一字以言之，即仅以一字来形容某一理学范畴。朱熹在下文批评张栻此说是将"义、礼、智与不忍之心均为发见"，混淆了未发已发。有学者以为下文朱熹对于张栻的批评是准确的，不过从 S9 张栻的回复看，朱熹这是误读张栻，张栻同样认为仁义礼智皆为未发，而恻隐、羞恶、辞让、是非之心为已发。

"大抵天地之心，粹然至善，而人得之，故谓之'仁'。"张栻此语，或是承自胡宏，胡宏以为"仁者，天地之心也"，"凡人之生，粹然天地之心，道义完具，无适无莫，不可以善恶辨，不可以是非分"。② 湖湘学派，大体以超越具体善恶之上的"至善"解"仁"，而这是朱熹不能接受的。下文朱熹即批评湖湘学派仅从

---

① 《朱子大全劄疑辑补》卷三二；牟宗三：《心体与性体》下册，第 239 页。
② 《胡宏集》，第 4 页、332 页。

"至善"的角度，"是但知仁之为善，而不知其为善之长也"。朱熹
虽然反对汉唐以来仅以爱名仁，而主张仁是爱之理，但他也反对
程门"离爱言仁"，如陈来所言，朱熹的立场是"以爱推仁"。①
相比于以超越具体善恶之上的"至善"言仁，朱熹更愿意从爱出
发，以"众善之长"言仁。

"来谕每以爱名仁见病"。张栻应是批评朱熹以爱名仁，虽然
《仁说》已经对"爱之发""爱之理"有所分疏，但或许因为反对
以爱名仁是程门根深蒂固的传统，而"爱之发""爱之理"始终有
对于爱的发扬，在张栻看来格外刺眼。而朱熹认为张栻这种批评
是失察，诚如朱熹所言，他完全赞成程门对于汉唐以来以爱名仁
之说的批评，完全认同程颐仁性爱情的界定。朱熹以为《仁说》
说"爱之发"和"爱之理"的分疏，恰是继承了程门"分别性、
情之异处，其意最为精密"。在后续书信中，张栻最终也认同了
"爱之理"的表述确实不违背仁性爱情的程门宗旨。

"元之为义，不专主于生。" 张栻在 S9 中对此有进一步回应，
"前日所谓元之义，不专主于生物者，疑只云生物，说生生之意不
尽，今详所谓生物者，亦无不尽者矣"。不过张栻、朱熹此处所争
论之究竟，颇难推断。

S21（某幸粗安）

　　某幸粗安，不敢废学，惟相望之远，每思讲益，殊不

---

① 陈来：《仁学本体论》，第 320—328 页。

胜情耳。近两书中所讲，再三详之，如《中庸章句》中所指费、隐，虽是圣人寻常亦有说费处、说隐处，然如所指，却有未免乎牵强者，恐此数段不必如此指杀。某方亦草具所见，更定异同处，俟更研究后便写寄也。《仁说》如"天地以生物为心"之语，平看虽不妨，然恐不若只云"天地生物之心，人得之为人之心"似完全，如何？"仁道难名，惟公近之，然不可便以公为仁"，又曰"公而以人体之，故为仁"，此意指仁之体极为深切。爱终恐只是情，盖公天下而无物我之私焉，则其爱无不溥矣，如此看乃可。由汉以来，言仁者盖未尝不以爱为言也，固与元晦推本其理者异。然元晦之言，传之亦恐未免有流弊耳，幸更深思，却以见教。

《中庸集义》前日人行速附去，不曾校得，后见誊本错误处多，想自改正也。序文更幸为檃括。其间有云"若横渠张先生则相与上下讲论者也"，本作"合志同方者也"，不知如何？如此未稳，亦幸为易之。刘枢再帅，此间人情颇乐之，今次奏事，所以启告与夫进退之宜，想论之详矣。因其迓兵行，附此一纸，它俟后讯。（《张栻集》卷二一）

【系年】

此信当在乾道九年（1173）。信末提及"今次奏事"，论者多以为即八年十二月刘珙除知潭州、荆湖南路安抚使时，于九年三月赴阙奏事。不过杨世文以为此信即在九年三月，任仁仁、顾宏

义以为或稍晚于三月、或在初夏。① 另可留意者，S21 中，张栻对
朱熹《仁说》尚有诸多批评，而至 S9 时，则已基本肯定。张栻与
朱熹讨论《仁说》多封书信难有准确系年证据，考察诸书先后次
第，除了依照信中文字外，也可根据张栻对于《仁说》的态度而
稍加判定次第。S21 中张栻相关批评意见，朱熹随后在 Z44 皆作了
针对性回复。论者或以为朱熹答张栻论仁说三书，即 Z43、Z44、
Z45 皆在乾道八年年底。② 但 Z44 既在乾道九年所作 S21 之后，则
系年或可重新讨论。

【疏证】

"近两书中所讲，再三详之，如《中庸章句》中所指费、隐，
虽是圣人寻常亦有说费处、说隐处，然如所指，却有未免乎牵强
者，恐此数段不必如此指杀。"所言费隐，指 Z21 中朱熹所言。朱
熹将费隐分为"费，用之广；隐，体之微"，并将《中庸》中诸多
章节分别指言费、隐两说，张栻对此可能还是持批评态度。

"《仁说》如'天地以生物为心'之语，平看虽不妨，然恐不
若只云'天地生物之心，人得之为人之心'似完全，如何?"虽然
张栻多次批评朱熹"天地以生物为心"的表述不如"天地生物之
心"为妥，但朱熹并未接受张栻的看法。不过今本朱熹《仁说》
起首作"天地以生物为心者也，而人物之生，又各得夫天地之心
以为心者也"，或许后半句还是吸收了张栻的意见。

"'仁道难名，惟公近之，然不可便以公为仁'，又曰'公而以

---

① 杨世文：《张栻朱熹书信编年考证》，第 202 页；任仁仁、顾宏义编撰：
《张栻师友门人往还书札汇编》，第 266 页。

② 陈来：《朱子书信编年考证》（增订本），第 95 页。

人体之，故为仁'，此意指仁之体极为深切。"朱熹《仁说》的意
图，是以"心之德、爱之理"重新定义"仁"，朱熹虽然也肯定程
颐仁性爱情的论仁宗旨，但他反对程门过于离爱言仁，并由此进
一步反对程门以一体言仁和以觉言仁。而张栻此时援引程颐以公
言仁的传统，意在维护程门一体言仁的主张。

"由汉以来，言仁者盖未尝不以爱为言也，固与元晦推本其理
者异。然元晦之言，传之亦恐未免有流弊耳，幸更深思，却以见
教。"张栻已经了解到朱熹以"爱之理"言仁之说和汉唐儒者当初
"以爱言仁"的区别，但是他仍然觉得朱熹的说法可能有流弊。而
至 S9 和 S13 处，对"爱之理"之说则有肯定。

"刘枢再帅"。刘珙曾于乾道元年至三年除知潭州。此次为再
知潭州。

Z44（又论仁说）（昨承开谕仁说之病）

昨承开谕《仁说》之病，似于鄙意未安，即已条具
请教矣。再领书诲，亦已具晓，然大抵不出熹所论也，请
复因而申之。

谨按程子言仁，本末甚备，今撮其大要，不过数言。
盖曰"仁者，生之性也"；而"爱，其情也"；"孝悌，其
用也"。公者所以体仁，犹言克己复礼为仁也。学者于前
三言者，可以识仁之名义；于后一言者，可以知其用力之
方矣。今不深考其本末指意之所在，但见其分别性情之
异，便谓爱之与仁了无干涉；见其以公为近仁，便谓直指

仁体，最为深切。殊不知仁乃性之德而爱之本，因其性之
有仁，是以其情能爱。义、礼、智，亦性之德也。义，恶之本；
礼，逊之本；智，知之本。因性有义，故情能恶，因性有礼，故情能
逊，因性有智，故情能知，亦若此尔。但或蔽于有我之私，则不
能尽其体用之妙，惟"克己复礼"，"廓然大公"，然后此
体浑全，此用昭著，动静本末，血脉贯通尔。程子之言意
盖如此，非谓爱之与仁了无干涉也。此说前书言之已详，今请
复以两言决之。如熹之说，则性发为情，情根于性，未有无性之情、
无情之性，各为一物，而不相管摄。二说得失，此亦可见。非谓
"公"之一字，便是直指仁体也。细观来谕所谓"公天下而
无物我之私，则其爱无不溥矣"，不知此两句甚处是直指仁体处？若
以"爱无不溥"为仁之体，则陷于以情为性之失，高明之见必不至
此。若以"公天下而无物我之私"便为仁体，则恐所谓公者，漠然
无情，但如虚空木石，虽其同体之物，尚不能有以相爱，况能无所
不溥乎？然则此两句中，初未尝有一字说着仁体，须知仁是本有之
性，生物之心，惟公为能体之，非因公而后有也。故曰："公而以人
体之，故为仁。"细看此语，却是"人"字里面，带得"仁"字过
来。由汉以来，以爱言仁之弊，正为不察性情之辨，而
遂以情为性尔。今欲矫其弊，反使"仁"字泛然无所归
宿，而性、情遂至于不相管，可谓矫枉过直，是亦枉而
已矣。其弊将使学者终日言仁，而实未尝识其名义，且
又并与天地之心、性情之德而昧焉。窃谓程子之意，必
不如此，是以敢详陈之。伏惟采察。（《朱文公文集》卷
三二）

【系年】

此信在 S21 之后，信中"细观来谕所谓'公天下而无物我之私，则其爱无不溥矣'"，所引即是 S21 中语。

【疏证】

"昨承开谕《仁说》之病，似于鄙意未安，即已条具请教矣。再领书诲，亦已具晓，然大抵不出熹所论也，请复因而申之。"赖尚清以为："昨承开谕《仁说》之病"，是指张栻答朱熹《仁说》初稿诸信中佚失的一通；"即已条具请教"，则指 Z43，Z43 体例即是逐条答复；"再领书诲"，则是指 S21。①

"于后一言者，可以知其用力之方矣。"朱熹此处援引四处程子论仁的经典表述，但唯独将以公体仁之语视为"用力之方"而非"仁之名义"，目的就在于消解张栻以及程门舍弃以爱言仁而从以公言仁的角度直接讨论万物一体之仁的传统理解。

"今不深考其本末指意之所在，但见其分别性情之异，便谓爱之与仁了无干涉。"朱熹赞成程颐从仁性爱情的角度界定性情之异，但反对程门由此便离爱言仁。Z44 中朱熹反复论说，其核心即在于申明这一义理。

"此说前书言之已详"。"前书"或为 Z43。Z43 中，朱熹以为"此正谓不可认情为性耳，非谓仁之性不发于爱之情，而爱之情不本于仁之性也"，在坚守程颐仁性爱情之别的前提下，反对离爱言仁。

"须知仁是本有之性，生物之心，惟公为能体之，非因公而后

---

① 赖尚清：《朱子与张栻"〈仁说〉之辩"书信序次详考》，《厦门大学学报（哲学社会科学版）》2014 年第 4 期，第 114 页。

有也。"朱熹赞成公是求仁之方，但不赞成以公为仁体。以公言仁是程门传统，而朱熹注重程颐"仁道难名，惟公近之，非以公便为仁"之说，用意之一即是强调公只是"近仁"，而不可径直以公为仁。

S9（仁之说）

仁之说，前日之意盖以为推原其本，人与天地万物一体也，是以其爱无所不至，犹人之身无分寸之肤而不贯通，则无分寸之肤不爱也。故以"惟公近之"之语形容仁体，最为亲切。欲人体夫所以爱者，《言仁》中盖言之矣，而以所言"爱"字只是明得其用耳。后来详所谓爱之理之语，方见其亲切。夫其所以与天地一体者，以夫天地之心之所存，是乃生生之蕴，人与物所公共，所谓爱之理者也。故探其本则未发之前，爱之理存乎性，是乃仁之体者也；察其动则已发之际，爱之施被乎物，是乃仁之用者也。体用一源，内外一致，此仁之所以为妙也。前日所谓对义、礼、智而言，其发见则为不忍之心者，非谓义、礼、智与不忍之心均为发见，正谓不忍之心合对义、礼、智之发见者言，羞恶、辞逊、是非之心是也。今再详不忍之心，虽可以包四者，然据文势对乾元、坤元而言，恐只须曰：统言之，则曰仁而已可也。或云：天地之心，其德有四云云，而统言之，则元为善之长。人之心，其德亦有四云云，而统言之，则仁为人之心。如何？

前日所谓元之义，不专主于生物者，疑只云生物，说生生之意不尽，今详所谓生物者，亦无不尽者矣。"在中之义"，程子曰："喜怒哀乐未发，只是中也。"盖未发之时，此理亭亭当当，浑然在中，发而中节，即其在中之理，形乎事事物物之间而无不完也，非是方其发时，别为一物以主张之于内也。情即性之发见也，虽有发与未发之殊，而性则无内外耳。若夫发而不中节，则是失其情之正而沦其情之理。然能反之，则亦无不在此者，以性未尝离得故也。不识如何？（《张栻集》卷二〇）

【系年】

此信或在乾道九年（1173），在 Z43、Z44 之后，Z46 之前。信中"前日所谓对义、礼、智而言，其发见则为不忍之心者"，即指 Z43 朱熹所引"仁专言，则其体无不善而已，对义、礼、智而言，其发见则为不忍之心也"。此信中"故以'惟公近之'之语形容仁体，最为亲切"，亦是延续 S21、Z44 所辩以公言仁而来。信中张栻所云"夫其所以与天地一体者，以夫天地之心之所存，是乃生生之蕴，人与物所公共，所谓爱之理者也"等表述，又见于 Z46。稍可留意的是，此信中张栻对于朱熹的仁说的立场，较之 S13 的批评，有了更多的理解与接受。S9 与 Z45 之先后次第，赖尚清以为 S9 在 Z45 前，任仁仁、顾宏义以为 S9 在 Z45 后。[①] S9 中张栻对于

---

① 赖尚清：《朱子与张栻"〈仁说〉之辩"书信序次详考》，《厦门大学学报（哲学社会科学版）》2014 年第 4 期，第 114 页；任仁仁、顾宏义编撰：《张栻师友门人往还书札汇编》，第 269 页。

朱熹《仁说》的态度，由此前的批评转为认同，而 Z45 起首朱熹称张栻"灼知旧说之非"，S9 或在 Z45 之前。

【疏证】

"前日之意"。赖尚清以为指 S21 中张栻所言"'仁道难名，惟公近之，然不可便以公为仁'，又曰'公而以人体之，故为仁'，此意指仁之体极为深切。爱终恐只是情，盖公天下而无物我之私焉，则其爱无不溥矣"。① 不过"前日之意"亦可不局限于 S21 此语，在 Z43 朱熹所引张栻已经佚失的书信中，张栻对于以公言仁也有类似表述。S9 是张栻对朱熹《仁说》态度整体转变的关键书信，信中三组"前日之意""后来详所谓"、"前日所谓""今再详"、"前日所谓""今详所谓"表述，可见张栻对自己此前观点的反思，而后两组皆与 Z43 中朱熹所引张栻已经佚失的书信相关。

"故以'惟公近之'之语形容仁体，最为亲切。欲人体夫所以爱者，《言仁》中盖言之矣，而以所言'爱'字只是明得其用耳。后来详所谓爱之理之语，方见其亲切。夫其所以与天地一体者，以夫天地之心之所存，是乃生生之蕴，人与物所公共，所谓爱之理者也。"朱熹、张栻关于以公言仁的讨论，从 Z43、S21、Z44 一直延续到 S9 以及后续的 Z46、Z48。以 S9 为界，此前三书中，张栻与朱熹的立场差异很大，张栻始终坚持湖湘学派论万物一体时，至善之仁体的优先性，并以仁性爱情的标准反对以爱言仁；而在 S9 中，经过朱熹反复解释"爱之理"说并不与仁性爱情相矛盾后，

---

① 赖尚清：《朱子与张栻"〈仁说〉之辩"书信序次详考》，《厦门大学学报（哲学社会科学版）》2014 年第 4 期，第 114 页。

张栻开始将朱熹的爱之理说与湖湘学派至善仁体的优先性结合起来，此处张栻解释以公言仁所指涉的至善仁体，或许正是朱熹所言"爱之理"。随后在 Z46 和 Z48 中，朱熹则继续针对张栻这种思路的弊端，以为仁作为"爱之理"，是天然具足的，不必先有或者另设一个所谓至善仁体，只能从工夫而不能从本体上理解"以公言仁"。

"前日所谓对义、礼、智而言，其发见则为不忍之心者，非谓义、礼、智与不忍之心均为发见，正谓不忍之心合对义、礼、智之发见者言，羞恶、辞逊、是非之心是也。"朱熹在 Z43 中误以为张栻将义、礼、智视为已发之情，张栻则澄清：他与朱熹的立场是一致的，皆认为仁、义、礼、智为未发之性，且各自对应已发之恻隐、羞恶、辞逊、是非。

"然据文势对乾元、坤元而言，恐只须曰：统言之，则曰仁而已可也。"所谓"文势对乾元、坤元而言"，今本《仁说》中有云"故论天地之心者，则曰乾元、坤元，则四德之体用不待悉数而定"。

"非是方其发时，别为一物以主张之于内也。"此是针对 Z20 中的"又谓'已发之后，中何尝不在里面'，此恐亦非文意"而发。Z20 此句，是针对 S5 中张栻所言"若只说作在里面底道理，然则已发之后，中何尝不在里面乎"而来。朱熹认为张栻的说法，可能让人误以为已发之后，另有一个未发之中，如此则是二元而非体用一源。

Z45（又论仁说）（熹再读别纸所示三条）

熹再读别纸所示三条，窃意高明虽已灼知旧说之非，而此所论者，差之毫忽之间，或亦未必深察也。谨复论之，伏幸裁听。

广仲引《孟子》"先知先觉"以明上蔡"心有知觉"之说，已自不伦，其谓"知此觉此"，亦未知指何为说，要之大本既差，勿论可也。今观所示，乃直以"此"为"仁"，则是以"知此觉此"为"知仁觉仁"也。仁，本吾心之德，又将谁使知之而觉之耶？若据《孟子》本文，则程子释之已详矣，曰："知是知此事，知此事当如此也。觉是觉此理。知此事之所以当如此之理也。"意已分明，不必更求玄妙。且其意与上蔡之意，亦初无干涉也。上蔡所谓"知觉"，正谓知寒暖饱饥之类尔，推而至于酬酢佑神，亦只是此。知觉无别物也，但所用有小大尔。然此亦只是智之发用处，但惟仁者，为能兼之。故谓仁者心有知觉则可，谓心有知觉谓之仁则不可，盖仁者心有知觉，乃以仁包四者之用而言，犹云"仁者知所羞恶辞让"云尔。若曰"心有知觉谓之仁"，则仁之所以得名，初不为此也。今不究其所以得名之故，乃指其所兼者便为仁体，正如言仁者必有勇，有德者必有言，岂可遂以勇为仁、言为德哉？

今伯逢必欲以觉为仁，尊兄既非之矣，至于论知觉之浅深，又未免证成其说，则非熹之所敢知也。至于伯逢又谓："上蔡之意自有精神，得其精神，则天地之用皆我之用矣。"此说甚高甚妙，然既未尝识其名义，又不论其实下功处，而欲骤语其精神，此所以立意愈高，为说愈妙，而反之于身，愈无根本可据之地也。所谓"天地之用即我之用"，殆亦其传闻想象如此尔，实未尝到此地位也。愚见如此，不识高明以为如何？（《朱文公文集》卷三二）

【系年】

此信或在乾道九年（1173），在 S9 后，详见 S9 系年处考证。较之 Z43、Z44 更多批评以一体言仁，Z45 则更侧重于批评以觉言仁。

【疏证】

"熹再读别纸所示三条，窃意高明虽已灼知旧说之非。""三条"非指 S9 中"前日之意""前日所谓""前日所谓"所分示三条，而是另与以觉言仁相关，如下文朱熹批评张栻将"知此觉此"解释为"知仁觉仁"即是其中内容。

"广仲引《孟子》'先知先觉'，以明上蔡'心有知觉'之说，已自不伦，其谓'知此觉此'，亦未知指何为说，要之大本既差，勿论可也。今观所示，乃直以'此'为'仁'，则是以'知此觉此'为'知仁觉仁'也。"广仲即胡实，胡宏从弟，为当时湖湘学派重要成员，《宋元学案》以为胡广仲与朱熹、张栻皆有辩论，"未尝苟合也"，所指即是此番论辩。① 朱熹此处所批评胡广仲与张

---

① 黄宗羲著，吴光点校：《宋元学案》卷四二，沈善洪主编：《黄宗羲全集》（增订版）第 4 册，第 692 页。

栻的观点，源自张栻与胡广仲的问答：

> "心有所觉谓之仁"，此谢先生救拔千余年陷溺固滞
> 之病，岂可轻议哉！云云。夫知者，知此者也；觉者，觉
> 此者也。果能明理居敬，无时不觉，则视听言动莫非此体
> 之流行，而大公之理在我矣，尚何愤骄险薄之有？
>
> 元晦前日之言固有过当，然知觉终不可以训仁。如所
> 谓"知者知此者也，觉者觉此者也"，此言是也，然所谓
> "此"者，乃仁也。知觉是知觉此，又岂可遂以知觉为
> 此哉？①

胡广仲坚持谢良佐以觉言仁之说，并以程门传统为据，引
《孟子》"使先知觉后知，使先觉觉后觉也"语来说明儒家之
"觉"，② 只是胡广仲引《孟子》之语以说明谢良佐"心有知觉"
之说的细节，今已不存，恐即是张栻《答胡广仲》中"云云"二
字所略。不过朱熹在《答胡广仲（熹承谕向来为学之病）》一书

---

① 《张栻集》卷三〇，第1224—1225页。《宋元学案·五峰学案》中，亦
节录《广仲问答》《伯逢问答》，但所录仅胡广仲、胡伯逢之问语，且将
多条问目连缀，而未录张栻之答语。牟宗三据《宋元学案·南轩学案》
中所录相同文字，知《五峰学案》中《广仲问答》为胡广仲与张栻往来
问答，但认为《伯逢问答》不知是答何人。实则《五峰学案》中《伯逢
问答》非答语，而是胡伯逢之问语。今《张栻集》卷二九、三〇"答
问"之下，分别收录完整的张栻《答胡伯逢》《答胡广仲》，一望即知，
此不详述。参牟宗三：《心体与性体》下册，第250页，《张栻集》卷二
九，第1212页；卷三〇，第1224—1225页。

② 二程即有以孟子此言论儒门之"觉"的表述。"问：'释氏有一宿觉、言
下觉之说，如何？'曰：'何必浮图，孟子尝言觉字矣。曰"以先知觉后
知，以先觉觉后觉"，知是知此事，觉是觉此理。古人云："共君一夜
话，胜读十年书。"若于言下即悟，何曾读十年书？'"（《二程集》，第
196页）

中，对胡广仲此说有所批评。朱熹以为程门引《孟子》此语来论证谢良佐以觉言仁，本就不通，《孟子》之处是知觉，是"知之尽"，而谢良佐以识痛痒为特点的觉，是"知之端"，二者所指本就有异；更为关键的是，无论是"知之尽"还是"知之端"，在朱熹看来都只能算是"智之事"，而非指仁。① 就如同在 Z45 中朱熹所言，"上蔡所谓知觉……所用有大小"，但本质上"只是智之发用处"，而不可直接以之为仁。②

"今观所示"，则是指张栻《答胡广仲》中的意见。张栻答语中，以为胡广仲所言"知者知此者也，觉者觉此者也"之"此"即是"仁"，知觉的对象既然是仁，那么知觉本身便不可谓之仁。朱熹对于张栻这种以"此"为"仁"的解释也不满意，他认为这样就容易另设一个能知仁觉仁的"觉心"，而忽略了"仁"是"吾"心本来即有的，是"心之德"，不需要另有"谁"知觉此仁。

"故谓仁者心有知觉则可，谓心有知觉谓之仁则不可。"《朱子大全劄疑辑补》以为此出自侯师圣之说。③ 朱熹在此时《答游诚之（示谕读书玩理次第）》信中说："然谢子之言，侯子非之曰：'谓不仁者无所知觉则可，便以心有知觉为仁则不可。'"④

"今伯逢必欲以觉为仁，尊兄既非之矣，至于论知觉之浅深，又未免证成其说。"伯逢即胡大原，胡宏之侄，亦为湖湘学派一

---

① 《朱文公文集》卷四二，《朱子全书》（修订本）第 22 册，第 1903 页。此信朱熹答胡广仲共有"七疑"，此处所论是第七疑。
② 朱熹类似的表述，还可见此一两年间答吕祖谦、游诚之、胡伯逢、吴晦叔、程允夫等人信中，此不详举。
③ 《朱子大全劄疑辑补》卷三二。
④ 《朱文公文集》卷四五，《朱子全书》（修订本）第 22 册，第 2061 页。

员。朱熹所论，即张栻《答胡伯逢》中一段文字。① 所谓"知觉之
深浅"，本是胡伯逢所言："夫知觉亦有深浅。常人莫不知寒识暖，
知饥识饱，若认此知觉为极至，则岂特有病而已！伊川亦曰'觉
不可以训仁'，意亦犹是，恐人专守着一个觉字耳！"胡伯逢以为，
谢良佐以觉言仁，绝非是将浅层次的感官之知觉视为仁。张栻接
续胡伯逢的表述，论知觉之深浅反证成胡伯逢之说法，今已不
存。② 大体而言，无论是 Z45 中朱熹论谢良佐知觉之"大小"，还
是胡伯逢与张栻论知觉之"深浅"，湖湘学派的核心观点是认为当
活看谢良佐的知觉，而朱熹以为无论大小、深浅，知觉归根到底
都只是心之用、智之事，都不是仁。

Z46（又论仁说）（来教云）

来教云："夫其所以与天地万物一体者，以夫天地之
心之所有，是乃生生之蕴，人与物所公共，所谓爱之理
也。"熹详此数句，似颇未安。盖仁只是爱之理，人皆有
之，然人或不公，则于其所当爱者，反有所不爱，惟公则
视天地万物皆为一体而无所不爱矣。若爱之理，则是自然
本有之理，不必为天地万物同体而后有也。熹向所呈似仁
说，其间不免尚有此意，方欲改之而未暇，来教以为不如
克斋之云是也。然于此却有所未察，窃谓莫若将"公"

---

① 《张栻集》卷二九，第 1212 页。
② 《朱子大全劄疑辑补》以为"证成其说者，恐非南轩此书"，亦可备一
　说。参《朱子大全劄疑辑补》卷三二。

字与"仁"字且各作一字，看得分明，然后却看中间两字相近处之为亲切也。若遽混而言之，乃是程子所以谓以公便为仁之失，此毫厘间，正当子细也。

又看"仁"字，当并"义""礼""智"字看，然后界限分明，见得端的。今舍彼三者，而独论仁字，所以多说而易差也。又谓"体用一源、内外一致为仁之妙"，此亦未安。盖义之有羞恶，礼之有恭敬，智之有是非，皆内外一致，非独仁为然也。不审高明以为如何？（《朱文公文集》卷三二）

【系年】

此信或在乾道九年（1173），在 S9 后，详见 S9 系年处考证。刘述先以为此信大旨在驳斥张栻以一体言仁。[1]

【疏证】

"来教云：'夫其所以与天地万物一体者，以夫天地之心之所有，是乃生生之蕴，人与物所公共，所谓爱之理也。'"论者皆以为"来教"即指 S9，所引文字即出自 S9。[2]

"来教以为不如克斋之云是也"。"克斋"为朱熹所作《克斋记》。

"若遽混而言之，乃是程子所以谓以公便为仁之失。"程颐有

---

[1] 刘述先：《朱子哲学思想的发展与完成》，第 161 页。

[2] 垣内景子「『朱子文集』訳註（十一）」，『論叢・アジアの文化と思想』第 13 辑，2004 年，第 51 页；任仁仁、顾宏义编撰：《张栻师友门人往还书札汇编》，第 269 页。

云："仁道难明，惟公近之，非以公便为仁"；又云："仁之道，要之只消道一公字，公只是仁之理，不可将公便唤做仁。"① 程颐所论公、仁关系，颇有费解处，但有一点是明确的，即公与仁不可全然等而视之。湖湘学派以一体言仁，多借助以公言仁。而朱熹此时为建立新的仁说，对于程门后学以一体言仁、以觉言仁、以公言仁，皆较为警惕，立说更重分别。

"**又谓'体用一源、内外一致为仁之妙'，此亦未安。**"引文出自 S9。张栻在 S9 之中，接受了朱熹仁是爱之理之说，但又将此纳入一体言仁的旧瓶之中。朱熹反对张栻此说的细节尚难辨析，或是不喜张栻解释爱之理的方式。

S10（观所与广仲书）

观所与广仲书，析理固是精明，亦可谓极力救拔之矣，然言语未免有少和平处。谓当循前人样辙，言约而意该，于紧要处下针。若听者肯思量，当自有入处；不然，我虽愈极力，彼恐愈不近也，如何如何！比见报，承有改秩崇道之命，窃计自有以处之矣。两日从共甫详问日用间事，使人叹服者固多，但以鄙意观之，其间有于气禀偏处，似未能尽变于旧。盖自它人谓为豪气底事，自学者论之，只是气禀病痛。元晦所讲要学颜子，却不于此等偏处下自克之功，岂不害事！愿以平时以为细故者作大病医

---

① 《二程集》，第 63 页、153 页。

疗，异时相见，当观变化气质之功。重以世衰道微，吾曹幸闻此理，不可不力勉也。有如孤陋，正望切磋之益焉。此外尚有一二事可疑，此便颇速，俟后讯详列。（《张栻集》卷二〇）

【系年】

此信当在乾道九年（1173）。论者皆以为信中提及"改秩崇道之命"为乾道九年五月底有旨朱熹特改左宣教郎、主管台州崇道观一事，因此此信当稍晚于五月。[1]

【疏证】

"观所与广仲书"。今《朱子文集》存六通《答胡广仲》书信，按系年与主旨，疑即是第五通《答胡广仲（熹承谕向来为学之病）》。此信朱熹回应胡广仲七处疑问，是朱熹答胡广仲、吴晦叔、胡伯逢等湖湘门人诸书中义理最为精密的一通，可以称得上是"析理精明"。

Z47（答钦夫仁疑问）（仁而不佞章）

"仁而不佞"章。

说云："仁则时然后言。"疑此句只说得"义"字。

"不知其仁也"章。

---

[1] 束景南：《朱熹年谱长编》（增订本），第489—491页；任仁仁、顾宏义编撰：《张栻师友门人往还书札汇编》，第270页；杨世文：《张栻朱熹书信编年考证》，第196页。

　　说云："仁之义未易可尽，不可以如是断，若有尽，则非所以为仁矣。"又曰："仁道无穷，不可以是断。"此数句恐有病。盖欲极其广大而无所归宿，似非知仁者之言也。

　　"未知焉得仁"章。

　　此章之说似只说得"智"字。

　　"井有仁焉"章。

　　此章之说似亦只说得"智"字。

　　"克己复礼为仁"章。

　　说云："由乎中，制乎外。"按程集，此误两字，当云"而应乎外"。又云："斯道也，果思虑言语之可尽乎？"详此句意，是欲发明"学要躬行"之意，然言之不明，反若极其玄妙，务欲使人晓解不得，将启望空揣摸之病矣。向见吴才老说此章云："近世学者以此二语为微妙隐奥，圣人有不传之妙，必深思默造而后得之。"此虽一偏之论，然亦吾党好谈玄妙有以启之也。此言之失，恐复堕此，不可不察。

　　"必世而后仁"章。

　　说云："使民皆由吾仁。"如此则仁乃一己之私，而非人所同得矣。

　　"樊迟问仁"章。

　　说云："居处恭，执事敬，与人忠，则仁其在是矣。"又云："要须从事之久，功夫不可间断。"恐须先说"从事之久，功夫不可间断"，然后"仁在其中"。如此所言，却似颠倒也。

"仁者必有勇"章。

说云:"于其所当然者,自不可御。"又云:"固有勇而未必中节也者,故不必有仁。"此似只说得"义"字。

"未有小人而仁者也"章。

说云:"惟其冥然莫觉,皆为不仁而已矣。"此又以觉为仁之病。

"杀身成仁"章。

说云:"是果何故哉?亦曰理之所会,全吾性而已。"欲全吾性,而后杀身,便是有为而为之。且以"全性"两字言仁,似亦未是。

"知及仁守"章。

说云:"如以爱为仁,而不明仁之所以爱。"此语盖未尽。

"宰我问丧"章。

说云:"以为不仁者,盖以其不之察也。宰我闻斯言而出,其必有以悚动于中矣。"据此,似以"察知悚动"为仁,又似前说"冥然莫觉"之意。

"殷有三仁"章。

说云:"三人皆处之尽道,皆全其性命之情,以成其身,故谓之仁。"又云:"可以见三子之所宜处矣。"此似只说得"义"字,又以"全其性命之情"为仁,前已论之。

"博学而笃志"章。

明道云："学者要思得之。"说云："盖不可以思虑臆度也。"按此语与明道正相反，又有谈说玄妙之病，前所论"不知其仁"、"克己复礼"处，与此正相类。大抵思虑、言语、躬行，各是一事，皆不可废。但欲实到，须躬行，非是道理全不可思量、不可讲说也。然今又不说要在躬行之意，而但言不可以言语思虑得，则是相率而入于禅者之门矣。

以上更望详考之，复以见教。又刘子澄前日过此，说高安所刊《太极说》见今印造，近亦有在延平见之者，不知尊兄以其书为如何？如有未安，恐须且收藏之，以俟考订而后出之也。言仁之书，恐亦当且住印，俟更讨论，如何？（《朱文公文集》卷三二）

【系年】

此信或在乾道九年（1173）。Z47 此信系年有两说，其一以为此信当与 Z43 至 Z48 六书前后相续，虽然论者对于仁说诸书系于乾道八年或九年稍有疑义，但多认为 Z47 当与此组书信同时。[1] 其二如陈来所推断，此信或为朱熹论张栻所著《洙泗言仁录》，如此，则此书不与言仁诸书前后相续，而当与 Z18 在同时，或在乾道七年或八年。[2] 不过恐当以前说为是，信末提及"刘子澄前日过此"，论者以为与朱熹《答吕伯恭（潘守附致所予书)》中所言"子澄过

---

[1] 束景南：《朱熹年谱长编》（增订本），第 477 页、506 页；任仁仁、顾宏义编撰：《张栻师友门人往还书札汇编》，第 272 页。

[2] 陈来：《朱子书信编年考证》（增订本），第 85 页。

此两三日"、《答方伯谟（熹自春涉夏多病多故）》中所言"子澄亦到此，三四日而行"当为一事。而《答吕伯恭》信中提及薛季宣乾道九年去世一事，《答方伯谟》信中提及送叔母之葬还政和一事，皆在乾道九年，故此信亦在乾道九年。①

此信问答较为简洁，其中曲折不易深究，学者也较少利用此通书信。但观信中内容，如辨"仁而不佞""未知焉得仁""井有仁焉""仁者必有勇"和"殷有三仁"章，较为明确分辨仁与义、智之别；如"未有小人而仁者也"和"宰我问丧"章，是反对以觉言仁；"知及仁守"章与仁是爱之理相关；"克己复礼为仁""樊迟问仁"和"博学而笃志"章论躬行，都更接近朱熹仁说成熟阶段方能有的判释。

【疏证】

"欲全吾性，而后杀身，便是有为而为之。且以'全性'两字言仁，似亦未是。"此信中，朱熹两次反对以全吾性言仁，其中理由难以确知。不过朱熹历来反对从"欲全吾性"这一刻意为之的角度解释杀身成仁。②《朱子语类》中载朱熹答门人语："曾见人解'杀身成仁'，言杀身者，所以全性命之理。人当杀身时，何暇更思量我是全性命之理！只为死便是，生便不是，不过就一个是，故伊川说'生不安于死'。至于全其性命之理，乃是旁人看他说底

---

① 束景南：《朱熹年谱长编》（增订本），第491页、500页；任仁仁、顾宏义编撰：《张栻师友门人往还书札汇编》，第272页。

② 《朱子大全劄疑辑补》曾引朱熹《答许顺之（空空如也）》和《答江德功（有礼则安）》两书稍加辨析，但稍显不切。参《朱子大全劄疑辑补》卷三二。

话，非是其人杀身时有此意也。"①

"刘子澄前日过此，说高安所刊《太极说》见今印造，近亦有在延平见之者，不知尊兄以其书为如何？"刘子澄即刘清之（1134—1190），为当时理学家共同体重要成员，当时士人多有辗转刘、朱、张、吕数家问学者。高安，江西瑞州属县，刘清之曾任高安县丞，② 所以或能得高安所刊《太极说》。《太极说》论者有以为是乾道九年朱熹所著《太极图说解》，但当是张栻所著《太极图说解》，③ 朱熹《答李伯谏（某陆陆如昨）》中云："钦夫此数时常得书，论述甚多，言仁及江西所刊《太极解》，盖屡劝其收起印板，似未甚以为然，不能深论也。"④ 下文所言"言仁之书"，当指《洙泗言仁录》，朱熹此时对于张栻诸书皆有疑义。

S12（某幸粗安）

某幸粗安，日往城南水竹间翻阅简编，或遂与一二士留宿，颇多野趣，不觉伏暑之度。惟是岁月易徂，每怀学不足之忧耳。共甫甚得此方人情，然所以望之者，固不宜少不满也。开府之初，举动多慰人意，其乐义之风亦不易得耳。前书所讲及与岳前诸友书，于鄙意大抵无可疑。

① 《朱子语类》卷四五，第 1153 页。

② 《宋史》卷四三七，第 12953 页。

③ 《朱子大全劄疑问目标补》卷六，第 450—451 页；束景南：《朱熹年谱长编》（增订本），第 489 页；垣内景子：「『朱子文集』訳註（十一）」，第 64 页。

④ 《朱文公续集》卷八，《朱子全书》（修订本）第 25 册，第 4786 页。

《仁说》岳前之论甚多，要是不肯虚怀看义理。某近为说
以明之，亦只是所论之意却似稍分明，今录呈。其间有未
安处，某昨得晦叔书，却肯相信，更俟相见与面剖也。
（《朱文公文集》卷二〇）

【系年】

此信或在乾道九年（1173）夏秋间。信中提及"不觉伏暑之
度"，可见当在夏秋之间。主张此信当在乾道九年的学者，以为信
中提及刘珙"开府之初"，而据朱熹所作《刘枢密墓记》，刘珙于
乾道八年除知潭州、荆湖南路安抚使，次年三月赴阙奏事后赴任
潭州，开府之初或在九年夏为宜；赖尚清又以为此信当在 Z48 前，
Z48 即是针对 S12 的回信。[①] 任仁仁、顾宏义以为此信或在淳熙元
年（1174）夏，但未说明论据。[②] 不过作于淳熙元年的 S31 提及
"城南亦五十余日不到……方于竹间结小茅斋，为夏日计"，城南
营造恐在淳熙元年春夏间。

【疏证】

"某幸粗安，日往城南水竹间翻阅简编。"《张宣公年谱》以为
这是指淳熙元年春张栻积寒成疾后病愈，往城南结茅读书。[③]

"某近为说以明之"。赖尚清以为此"说"，即是张栻所著《仁

① 杨世文：《张栻朱熹书信编年考证》，第 197 页；赖尚清：《朱子与张栻"〈仁说〉之辩"书信序次详考》，《厦门大学学报（哲学社会科学版）》2014 年第 4 期，第 117 页；《朱文公文集》卷九四，《朱子全书》（修订本），第 4345 页。
② 任仁仁、顾宏义编撰：《张栻师友门人往还书札汇编》，第 291 页。
③ 王开琣、胡宗楙、高畑常信著，邓洪波辑校：《张栻年谱》，第 76 页。

说》初稿。①

Z48（答钦夫仁说）（仁说明白简当）

《仁说》明白简当，非浅陋所及。但言性而不及情；又不言心贯性情之意，似只以性对心。若只以性对心，即下文所引《孟子》"仁，人心也"，与上文许多说话似若相戾，更乞详之。

又曰："己私既克，则廓然大公，与天地万物血脉贯通。爱之理得于内，而其用形于外，天地之间无一物之非吾仁矣。此亦其理之本具于吾性者，而非强为之也。"此数句亦未安。盖己私既克，则廓然大公，皇皇四达，而仁之体无所蔽矣。天理无蔽，则天地万物血脉贯通，而仁之用无不周矣。然则所谓爱之理者，乃吾本性之所有，特以廓然大公而后在，非因廓然大公而后有也；以血脉贯通而后达，非以血脉贯通而后存也。今此数句，有少差紊，更乞详之。"爱之之理便是仁，若无天地万物，此理亦有亏欠，于此识得仁体，然后天地万物血脉贯通，而用无不周者，可得而言矣。"盖此理本甚约，今便将天地万物夹杂说，却鹘突了。夫子答子贡博施济众之问，正如此也。更以"复见天地之心"之说观之亦可见。盖一阳复处便是

① 赖尚清：《朱子与张栻"〈仁〉之辩"书信序次详考》，《厦门大学学报（哲学社会科学版）》2014年第4期，第117页。

天地之心，完全自足，非有待于外也。又如濂溪所云"与自家意思一般"者，若如今说，便只说得"一般"两字，而所谓"自家意思"者，却如何见得耶？

又云："视天下无一物之非仁。"此亦可疑。盖谓"视天下无一物不在吾仁中"则可，谓"物皆吾仁"则不可。盖物自是物，仁自是心，如何视物为心耶？

又云："此亦其理之本具于吾性者，而非强为之也。"详此，盖欲发明仁不待公而后有之意，而语脉中失之。要之，"视天下无一物非仁"与此句似皆剩语，并乞详之，如何？（《朱文公文集》卷三二）

【系年】

此信当系于乾道九年（1173）。此信显是张栻《仁说》初稿完成后，也是朱熹、张栻《仁说》之辩的后期，但对于此信当系于几月，学者尚有不同看法，但亦尚未有铁证。

【疏证】

"《仁说》明白简当"。"《仁说》"指张栻所著《仁说》，今本《张栻集》中《仁说》，是已大幅体现朱熹修改意见后的新稿。

"但言性而不及情；又不言心贯性情之意，似只以性对心。"朱熹反对两点，皆反对"离爱言仁"，这便是言性不及情，以及"离心言性"，皆心性对举。前者前文多已论之，后者是程门常见看法，亦是当时儒者通行看法，如湖湘学派视性为未发、心为已发，即"以性对心"；朱熹的看法是"心统性情"，心、性不可全然对举。①

　　"似若相戾"。《朱子大全劄疑辑补》以为："上既以性对心，则仁与心自不相干，而其下又引《孟子》'仁，人心也'，则是以性为人心所具之理也，故曰相戾。"②

　　"然则所谓爱之理者，乃吾本性之所有，特以廓然大公而后在，非因廓然大公而后有也；以血脉贯通而后达，非以血脉贯通而后存也。今此数句，有少差紊，更乞详之。" 朱熹此前与张栻信中，多次讨论不可以公为仁，公只是能仁之工夫，而并非仁本身。张栻此时已接受朱熹看法，但又以为必先公而后可以"得"仁，而朱熹则以为仁本是人性中天然具足，即便没有公之工夫，也不可认为人性中之仁就不存在。

　　"爱之之理便是仁，若无天地万物，此理亦有亏欠，于此识得仁体，然后天地万物血脉贯通，而用无不周者，可得而言矣。" 此句或为张栻语，此前整理者多以为此是朱熹语。

　　"夫子答子贡博施济众之问，正如此也。" 二程即曾讨论《论语·雍也》"如有博施于民而能济众，何如？可谓仁乎"条。二程的看法是，博施济众已属仁之极处，可谓圣也，不如以识痛痒言仁来得切身。朱熹此处引此程门熟悉的内容，是借此批评张栻《仁说》初稿中所谓先公而后才能得仁的表述有近似"博施济众"而后才能得仁之处。

---

　　① 朱熹曾对门人说："旧看五峰说，只将心对性说，一个情字都无下落。"参《朱子语类》卷五，第91页。
　　② 《朱子大全劄疑辑补》卷三二。

Z36（心具众理）

心具众理，变化感通，生生不穷，故谓之易。此其所以能开物成务而冒天下也。圆神、方知，变易二者阙一则用不妙；用不妙，则心有所蔽，而明不遍照。"洗心"正谓其无蔽而光明耳，非有所加益也。寂然之中，众理必具，而无朕可名，其"密"之谓欤？必有怵惕恻隐之心，此心之宰而情之动也。如此立语如何？（《朱文公文集》卷三二）

【系年】

此信当在淳熙元年（1174）。学者多将 Z36 至 Z40 五通书信视为整体，认为皆与淳熙元年朱熹、张栻心说之辩有关。此五通书信本身并无可以系年的线索，但同年与心说之辩相关的，尚有《答吕子约》《答石子重》《答方伯谟》《答吴晦叔》《答游诚之》

《答何叔京》诸书，可辗转证明此组书信皆在淳熙元年。① 其中较为核心的证据是，明确提及心说之辩的《答方伯谟》第六书，据文意承自《答方伯谟》第五书，当为第五书次年之夏，而第五书则明确提及乾道九年（1173）秋冬朱熹送叔母葬还政和一事。②

【疏证】

"心具众理，变化感通，生生不穷，故谓之易。"此信是朱熹化用《系辞》中"子曰，夫易何为者也"后相关文字，为其心说中一心之旨稍加辩护，所以信中多《易传》表述。

"圆神、方知，变易二者阙一则用不妙。""二者阙一"，宋时烈疑"二"是"三"之误，③ 或因此处典出《系辞》"蓍之德，圆而神；卦之德，方以知；六爻之义，易以贡"，垣内景子以为或因朱熹在《周易本义》中解此句有"圣人体具三者之德，而无一尘之累"，所以宋时烈方有此疑。不过朱熹此处乃是为了说明心虽有体用，但仍为一心，作"二"未必有误。

"如此立语"。宋时烈以为"此盖引易以论已发未发之义"，④ 此解稍显不切。朱熹此信并非泛论未发已发，而是援引《系辞》

① 陈来：《朱子书信编年考证》（增订本），第 119—120 页；束景南：《朱熹年谱长编》（增订本），第 519—520 页。陈来在《朱子书信编年考证》后，又撰《朱熹淳熙初年的心说之辩》一文，对相关书信系年与义理有所考证，参陈来：《宋明儒学论》，复旦大学出版社，2010 年，第 31—49 页。

② 陈来：《朱子书信编年考证》（增订本），第 127 页。

③ 宋时烈：《朱子大全劄疑》卷三二。

④ 宋时烈：《朱子大全劄疑》卷三二。

来诠释其心虽有体用但终属一心。

Z37（熹谓感于物者心也）

熹谓感于物者，心也；其动者，情也。情根乎性而宰乎心，心为之宰，则其动也无不中节矣，何人欲之有？惟心不宰而情自动，是以流于人欲，而每不得其正也。然则天理、人欲之判，中节、不中节之分，特在乎心之宰与不宰，而非情能病之，亦已明矣。盖虽曰中节，然是亦情也，但其所以中节者，乃心尔。今夫乍见孺子入井，此心之感也；必有怵惕恻隐之心，此情之动也；"内交、要誉、恶其声"者，心不宰而情之失其正也。怵惕恻隐乃仁之端，又可以其情之动而遽谓之人欲乎？大抵未感物时，心虽为未发，然苗裔发见，却未尝不在动处，必舍是而别求，却恐无下功处也。所疑如此，未审尊意如何？（《朱文公文集》卷三二）

【系年】

此信当在淳熙元年（1174）。详见 Z36 系年。不过宋时烈、金昌协皆因此信中"心之感"一语，以为是指心为已发，所以将此信定为朱熹中和新说之前的早年之说。不过此信义理，与朱熹《答吴晦叔》第十一、第十二相关，《答吴晦叔》第十二书中提及朱熹此时与吕子约、石子重、方伯谟往来书信论心之事，可证此组书信当在淳熙元年，而非早年书信。①

【疏证】

"熹谓感于物者，心也；其动者，情也。"宋时烈以为此信起首，朱熹便以感于物言心，似将心视为已发，且将心之感、情之动对举，疑此是早年之论。② 不过朱熹中和新说后，心已兼有未发已发，此处不过就心之已发一面论其所发之正否，不必因信中有"感于物者，心也"一句，即疑其为早年书信。

"惟心不宰而情自动，是以流于人欲，而每不得其正也。"此句与下文"盖虽曰中节，然是亦情也"和"又可以其情之动而遽谓之人欲乎"等语，皆是为了与张栻讨论人心人欲之别。二程以来，程门多主张道心即天理、人心即人欲，而朱熹对此则有疑义，以为人心不可径直等同于人欲。陈来以为，朱熹道心人心说凡有三变，③ 即早年、心说之辩时期和晚年《中庸章句序》时期。陈来未就此展开，但就此信而言，朱熹的主旨是反对程门以人心为人欲。

"'内交、要誉、恶其声'者"。典出《孟子》："所以谓人皆

---

① 《朱文公文集》卷四二，《朱子全书》（修订本）第 22 册，第 1918—1919 页。
② 宋时烈：《朱子大全劄疑》卷三二。
③ 陈来：《朱子书信编年考证》（增订本），第 230 页。陈来未对他所主张的朱熹"早年"道心人心说的关键文献，即朱熹《答许顺之》第十九、第二十书做出系年。所谓"早年"之论，或是因为许顺之是朱熹最早的门生之一，所以《答许顺之》书或给人以此印象。不过若视《答许顺之》书整体上前后相续，则此两书或在 1168 年至 1173 年之间。宋时烈也留意到朱熹《答许顺之》第十九书所论道心人心与朱熹晚年《中庸章句序》所论有所不同，见宋时烈：《朱子大全劄疑》卷三九。

有不忍人之心者，今人乍见孺子将入于井，皆有怵惕恻隐之心。非所以内交于孺子之父母也，非所以要誉于乡党朋友也，非恶其声而然也。"

"大抵未感物时，心虽为未发，**然苗裔发见，却未尝不在动处，必舍是而别求，却恐无下功处也**。""心虽为未发"之"未"原作"已"，宋时烈、贺瑞麟、垣内景子皆以为此处当作"未"，今从之。①

Z38（遗书有言）

《遗书》有言："人心私欲，道心天理。"熹疑"私欲"二字太重，近思得之，乃识其意。盖心一也，自其天理备具、随处发见而言，则谓之"道心"；自其有所营为谋虑而言，则谓之"人心"。夫营为谋虑非皆不善也，便谓之私欲者，盖只一豪发不从天理上自然发出，便是私欲。所以要得必有事焉而勿正、勿忘、勿助长，只要没这些计较，全体是天理流行，即人心而识道心也，故又以"鸢鱼飞跃"明之，先觉之为后人也，可谓切至矣。此语如何，更乞裁谕。答云："栻近思，却与来谕颇同，要当于存亡出入中识得惟微之体，识得则道心初岂外是？不识只为人心也。然须实见方得，不识如何？"（《朱文公文集》卷三二）

---

① 宋时烈：《朱子大全劄疑》卷三二；《朱文公文集》卷三二，《朱子全书》（修订本）第21册，第1421页；垣内景子：「『朱子文集』訳註（九）」，『論叢・アジアの文化と思想』第11辑，2002年，第58页。

【系年】

此信当在淳熙元年（1174），与 Z36 至 Z40 前后相续。陈来已经指出，此信中如"要当于存亡出入中识得惟微之体，识得则道心初岂外是"一句呼应 Z39 起首"熹谓存亡出入固人心也，而惟微之本体，亦未尝加益"一句，可证 Z38、Z39 前后相续；信中"'人心私欲，道心天理。'熹疑'私欲'二字太重"又呼应 Z40 主旨，可见此数通书信前后相续。[①]

【疏证】

"《遗书》有言：'人心私欲，道心天理。'熹疑'私欲'二字太重，近思得之，乃识其意。"程颐解《尚书·大禹谟》十六字心传之道心、人心，曾言："人心私欲，故危殆。道心天理，故精微。灭私欲则天理明矣。"[②] 朱熹对此的看法颇不同于程门，此处虽说"乃识其意"，但其义理却并不同于程颐。

"盖心一也，自其天理备具、随处发见而言，则谓之'道心'；自其有所营为谋虑而言，则谓之'人心'。夫营为谋虑非皆不善也，便谓之私欲者，盖只一豪发不从天理上自然发出，便是私欲。"朱熹心论的核心义理，便是心一之说。既然只有一心，那便需要疏通何以《尚书·大禹谟》十六字心传有道心、人心之别。朱熹晚年在《中庸章句序》等定论中，论述此问题时的成熟表述为："心之虚灵知觉，一而已矣，而以为有人心、道心之异者，则以其或生于形气之私，或原于性命之正，而所以为知觉者不同，

---

① 陈来：《朱子书信编年考证》（增订本），第 119—120 页。
② 《二程集》，第 312 页。

是以或危殆而不安，或微妙而难见耳。"① 此时所说"自其天理备具、随处发见而言"和"自其有所营为谋虑而言"，虽稍欠准确，但从一心之发用来论道心、人心之别的义理架构是比较明确的。朱熹所言"夫营为谋虑非皆不善也"，也肯定了人心之善，而"盖只一豪发不从天理上自然发出，便是私欲"，通过重新界定私欲，在表面上维持了他和程颐的一致性。在朱熹的义理架构中，若人心真的全然属恶，则道心、人心同属一心也就难以成立。

"答云"。垣内景子以为张栻此处所论义理，可参照 S1。②

S1（示及诸君操舍出入之说）

示及诸君操舍出入之说，吕子约所论病痛颇多，后二说亦颇得之，然其间似未子细。按《孟子》此章首以牛山之木为喻，又以夜气为说，而引孔子之言为证，以明人之不可不操而存也。心本无出入，然操之则在此，舍之则不在焉。方其操而存也，谓之入可也，本在内也。及其舍而亡也，谓之出可也。非心出在外，盖不见乎此也。"无时"者，言其乍入乍出，非入则出也，莫知其所止也，此大概言人之心是如此，然其操之则存者，是亦可见心初未尝有出入也。然则学者其可不以主一为务乎？吕子约之说既误以乍

① 《四书章句集注》，第 14 页。
② 垣内景子：「『朱子文集』駅註（九）」，第 60 页。

存乍亡为感之用，而后说如谓心之本体不可以存亡言，此语亦未尽。存亡相对，虽因操舍而云，然方其存时，则心之本体固在此，非又于此外别寻本体也。子约又谓当其存时，未能察识而已迁动，是则存是一心，察识又是一心，以此一心察彼一心，不亦胶扰支离乎？但操之则存，操之之久且熟，则天理浸明，而心可得而尽矣。（《张栻集》卷二〇）

【系年】

此信当在淳熙元年（1174）。信中所论议题，与朱熹心说之辩诸书当在一时。只是此信与其他书信彼此位次，学者尚有不同看法。如任仁仁、顾宏义将之系于 Z40 后，而垣内景子则以为 Z39 是对此信的答书。[1]

大体而言，朱熹淳熙元年心说之辩，有两个阶段。第一阶段朱熹与吕祖俭等人争论的核心义理，在于道心人心是否为一，朱熹坚持心一也，反对吕祖俭以心求心的道心人心为二的倾向，如 Z36、Z37、Z38，及朱熹《答吕子约》第十、第十三书，《答石子重》第四书等。第二阶段的重点则是讨论《孟子》中所引孔子"操则存，舍则亡；出入无时，莫知其乡"一句所指究竟为人心、道心，抑或心体之妙，如 S1、Z39、Z40、朱熹《答吕子约》第十六书、《答石子重》第三书、《答方伯谟》第六书、《答吴晦叔》

---

[1]　任仁仁、顾宏义编撰：《张栻师友门人往还书札汇编》，第 295 页；垣内景子：「『朱子文集』訳註（九）」，第 60 页。

第十二书、《答游诚之》第三书，其中尤以《答游诚之》第三书堪称此一阶段定论，张栻之后得到较为完整的心说之辩相关书信，在给朱熹的 S30 中亦以为"最后答游掾之语尤完"。

【疏证】

"**示及诸君操舍出入之说，吕子约所论病痛颇多，后二说亦颇得之，然其间似未子细。**""诸君操舍出入之说"，即此时与朱熹争论心说之辩时，就《孟子》中"操则存，舍则亡；出入无时，莫知其乡"所指究竟为何发生讨论的相关学者。大体而论，吕祖俭以为"此四句非论'人心'，乃是直指'动静无端、无方、无体之妙'"；① 而参与讨论的石子重、方伯谟虽不赞成吕祖俭的看法，但又以为此四句所指皆为人心。这两点朱熹皆不能赞成，朱熹从心一的立场出发，以为此四句所论兼有道心人心。在 Z39 的回信中，朱熹的表述如"存亡出入固人心也"虽然尚且不甚精确，易使人误以为此四句所指即人心，但朱熹亦随即补上"而惟微之本体，亦未尝加益"一句，而随后在《答游诚之》第三书中，朱熹则更准确地提出"此四句说得心之体用、始终、真妄、邪正，无所不备"，② 即明确了四句当兼具道心人心。张栻也同意朱熹看法，以为"吕子约所论痛病颇多"。

"后二说"，杨世文以为是石子重、方伯谟之说，③ 张栻所言"然其间似未子细"，正可呼应朱熹《答吴晦叔》第十二书中所言"今石子重、方伯谟取以评之者，大意良是，但伯谟以为此乃'人

---

① 《朱文公文集》卷四七，《朱子全书》（修订本）第 22 册，2190 页。
② 《朱文公文集》卷四五，《朱子全书》（修订本）第 22 册，2062 页。
③ 杨世文：《张栻朱熹书信编年考证》，第 192 页。

心惟危'，又似未然"。①

"子约又谓当其存时，未能察识而已迁动，是则存是一心，察识又是一心，以此一心察彼一心，不亦胶扰支离乎？"张栻在批评吕祖俭别立一心方面，与朱熹相同，但张栻似主张道心有存亡，而朱熹的观点如 Z39 所言，存亡出入的只是人心，惟微的道心则始终存在，只是显隐的区别罢了。

Z39（熹谓存亡出入固人心也）

熹谓存亡出入固人心也，而惟微之本体，亦未尝加益；虽舍而亡，然未尝少损；虽曰出入无时，未尝不卓然乎日用之间而不可掩也。若于此识得，则道心之微初不外此；不识，则人心而已矣。盖人心固异道心，又不可作两物看，不可于两处求也。不审尊意以谓然否？（《朱文公文集》卷三二）

【系年】

此信当在淳熙元年（1174），且与 Z38 前后相续，详见 Z38 系年处。又，《经济文衡》卷十五"心类"汇编朱熹致张栻多封书信，其中将 Z38 和 Z39 视为前后相续。②

---

① 《朱文公文集》卷四二，《朱子全书》（修订本）第 22 册，第 1919 页。
② 《经济文衡》卷一五。

【疏证】

"熹谓存亡出入固人心也，而惟微之本体，亦未尝加益；虽舍而亡，然未尝少损；虽曰出入无时，未尝不卓然乎日用之间而不可掩也。"将操舍存亡视为人心后，学者易别立完全不同于人心的道心，为此朱熹强调虽然"存亡出入"是人心，但人心中即有道心的存在。

"盖人心固异道心，又不可作两物看，不可于两处求也。"Z37的"大抵未感物时，心虽为未发，然苗裔发见，却未尝不在动处，必舍是而别求，却恐无下功处也"，Z38的"即人心而识道心也"，以及此处，本质上都是一个意思，朱熹消化了湖湘学派"先察识后涵养"的工夫，他在整体的未发已发工夫上，不会坚持"先察识后涵养"，而是主张未发时自有涵养工夫，但是朱熹不会支持在未发层面"求未发之心"，他还是主张"即人心而识道心也"，也就是传统的孟子学的从四端发见处认识仁体。

Z40（人心私欲之说）

"人心私欲"之说，如来教所改字极善；本语之失，亦是所谓本原未明了之病，非一句一义见不到也。但愚意犹疑向来妄引"必有事"之语，亦未的当。盖舜、禹授受之际，所以谓人心私欲者，非若众人所谓私欲者也，但微有一毫把捉底意思，则虽云本是道心之发，然终未离人心之境。所谓"动以人则有妄"，"颜子之有不善"，正在此间者是也。既曰有妄，则非私欲而何？须是都无此意思，自然从容中道，才方纯是道心也。必有事焉，却是见得此理，而存养下功处，与所谓纯是道心者，盖有间矣。然既察本原，则自此可加精一之功，而进夫纯耳，中间尽有次第也。惟精惟一，亦未离夫人心，特须如此克尽私欲，全复天理；傥不由此，则终无可至之理耳。（《朱文公文集》卷三二）

【系年】

此信当在淳熙元年（1174）。又收录于《朱子文集》卷四二，为《答吴晦叔》第十一书。《答吴晦叔》第十一书最末，另有小字"前书云'即人心而识道心'，此本无害，再做此书时忘记本语，故复辨之耳"，[①] 疑前书即 Z38，Z38 中云"只要没这些计较，全体是天理流行，即人心而识道心也"。

【疏证】

"但愚意犹疑向来妄引'必有事'之语，亦未的当。"此当指 Z38 所云"所以要得必有事焉而勿正、勿忘、勿助长"。

"盖舜、禹授受之际，所以谓人心私欲者，非若众人所谓私欲者也，但微有一毫把捉底意思，则虽云本是道心之发，然终未离人心之境。"此即 Z38 疏证处所云，朱熹通过重新界定私欲，在表面上维持了他和程颐的一致性。但程颐所谓人心私欲，是通过一般人所理解的负面的私欲来界定人心，而朱熹则认为只要微有一

---

① 《朱文公文集》卷四二，《朱子全书》（修订本）第 22 册，第 1918—1919 页。

毫把捉的意思，便是私欲。

"所谓'动以人则有妄'，'颜子之有不善'，正在此间者是也。"典出二程。程颢云"无妄，震下乾上，动以天，安有妄乎？动以人，则有妄矣"；程颐在《周易程氏传》中解"无妄卦"时进一步将"动以人则有妄"解释为"动以人欲则妄矣"。① 又程颢云："无妄，震下乾上。圣人之动以天，贤人之动以人。若颜子之有不善，岂如众人哉？惟只在于此间尔，盖犹有己焉。至于无我，则圣人也。颜子切于圣人，未达一息尔。"② 简言之，朱熹此时以心之发动若纯粹、"都无此意思"，方为道心，而若稍有一毫把捉则为人心，而前者只有圣人方能做得，连颜渊都难以做到。

S31 （某食饮起居皆幸已复旧）

某食饮起居皆幸已复旧，向来且欲完养，此数日方出报客。城南亦五十余日不到，昨一往焉，绿阴已满，湖水平漫，亦复不恶。方于竹间结小茅斋，为夏日计。雨潦稍定，即挟策其间也。尝令画图，俗工竟未能可人意，俟胜日自往平章之，方得寄往耳。伯恭近专人来讲论详细，如此朋友，真不易得。但论兄出处，引"周之可受"之义，却似未然。又向来聚徒颇众，今岁已谢遣，然渠犹谓前日欲因而引之以善道。某谓来者既为举业之故，先怀利心，

---

① 《二程集》，第 121—122 页、822 页。
② 《二程集》，第 126 页。

恐难纳之于义。大抵渠凡事似于果断有所未足耳。游诚之
资质确实有志世故，心实爱之，但正宜为学，不然，恐未
免为才使。今归，必首去求见。某以乍出，人事颇多，姑
遣此纸，早晚枢帅又自有人行也。《孟子解》渠却录未
毕，枢帅处却将写了，当祝封呈。余几为道自重。（《张
栻集》卷二一）

【系年】

此信当在淳熙元年（1174）。其中多处系年证据，详见疏证部
分。此信当与同年张栻《答吕伯恭（某前月半间积寒成疾)》
合观。

【疏证】

"某食饮起居皆幸已复旧"。此即淳熙元年张栻《答吕伯恭》
信中所言"某前月半间积寒成疾，势极危，诸事亦已处置，顺听
之耳。一夕气复，诸证尽退，盖服热剂灼艾之力，今幸已复常"。①

"但论兄出处，引'周之可受'之义，却似未然。""出处"，
指乾道九年（1173）五月二十八日，有旨朱熹特改左宣教郎、主
管台州崇道院，而朱熹及友人对于此番出处进退，多有讨论，如
S10张栻所言"比见报，承有改秩崇道之命，窃计自有以处之矣"。
吕祖谦、张栻对此也多有讨论，吕祖谦引《孟子》之说，以为可
以接受，而张栻在给吕祖谦的信中则持不同看法："又如论朱元晦
出处，亦似未安。'周之则可受'，谓不使饥饿于土地，只是来相

----

① 《张栻集》卷二五，第1137页。

周，故可受。今乃是受加之官宠，岂有安坐于家而坐享之理？元晦辞不敢当为合义。"① 朱熹本人最终几番请辞，于一年后即淳熙元年六月二十三日方才拜命奉祠。

"**又向来聚徒颇众，今岁已谢遣，然渠犹谓前日欲因而引之以善道。某谓来者既为举业之故，先怀利心，恐难纳之于义。**"乾道八年，吕祖谦因其父去世，于明招山居丧期间，常与门生讲学，以至"在忧服之中，而户外之屦亦满"。② 当时吕祖谦友人如朱熹、张栻、陆九渊对此都有所批评，而其间吕祖谦也有所反复。因此张栻在淳熙元年《答吕伯恭》信中说："去年闻从学者甚众，某殊谓未然。若是为举业而来，先怀利心，岂有就利上诱得就义之理！今已谢遣，甚幸。但旧已尝谢遣，后来何为复集？今次须是执得定、断得分明，不然，犹有丝毫牵滞，恐复因循于它日也。"③

"**游诚之**"。即游九言（1142—1206），字诚之，建阳人，初在长沙为张栻门人，亦从朱熹问学。大约此时游九言将返乡，所以张栻特别向朱熹推荐了游。④

"**《孟子解》**"。指张栻所著《癸巳孟子解》。

---

① 《张栻集》卷二五，第 1138—1139 页。
② 陆九渊著，钟哲点校：《陆九渊集》卷五，中华书局，1980 年，第 61 页。
③ 《张栻集》卷二五，第 1138 页。
④ 不过据陈来考证，朱熹之初见游九言，或在 1172 年，参陈来：《朱子书信编年考证》（增订本），第 102 页。

S56（游掾后来曾相见否）

游掾后来曾相见否？计今已还也。晦叔不知尚留彼中否？《中庸》后解想已付渠来，甚欲见也。如"道不远人"章，鄙意以为须将"人"字做"人心"说，亦是旋添入，不若更平易看，只是道初不远于人之身，人之为道而不近求之于其身，尚何所为道？故有伐柯睨视之譬，知道之不远人，则人与己本均有也，故以人治人。如此看似意味为长，不识如何？（《张栻集》卷二三）

【系年】

此信当在淳熙元年（1174）。信中"晦叔不知尚留彼中否"，束景南以为即指淳熙元年吴翌（字晦叔）奔母丧由湖南返回建阳并见到朱熹一事。[1] 严格来说，吴翌虽久居长沙，但回建阳亦不止一次，如乾道六年（1170）亦曾因妻父归葬一事返回建阳，详见S34、S40疏证所论。但此信中提及淳熙元年参与心说之辩的游诚之，以及在乾道八年《中庸章句》初稿之后的《中庸章句》修订稿，因此或可系于淳熙元年。

【疏证】

"游掾后来曾相见否？" "游掾"即游九言。淳熙元年张栻在给朱熹的S31中，向朱熹推荐了游，以为"游诚之资质确实有志世

---

① 束景南：《朱熹年谱长编》（增订本），第517页。

故……今归，必首去求见"，因此才在此信中又问及朱熹与游"后
来曾相见否"。今本《张栻集》中尚存张栻答游九言一通书信，多
为问答，信中一处讨论与心说之辩相关，或亦在淳熙元年。①

"晦叔不知尚留彼中否?"吴翌虽为建阳人，但居于长沙，淳
熙元年因奔母丧而返回建阳，所以张栻才有此问。

"《中庸》后解"。束景南以为即《中庸章句》修订本。②

"鄙意以为须将'人'字做'人心'说，亦是旋添入。"朱熹
初稿此次所注已不可考，S74 中尚存有朱熹《中庸章句》初稿一段
文字"人心之所安者即道也"，③ 但整体语境已难确知。观今本
《中庸章句》，朱熹似采用了张栻建议，不以"人心"解释"道不
远人"之"人"。

S8（按固陵录）

按《固陵录》，游公元符三年十月庚戌除监察御史，
今已改定。"考其言行而溯师友之渊源，体之吾身而明
义理之正当"，下句中字固有未安。元晦欲作"即其所
至，而益求其所未至"，恐亦未安。盖方建祠作记，使
学者知所景慕，而遽云求其所至，则语意似迫露，学者
将未能识其所至，而遽指其所未至，在薄俗不得不防其
然也。今更定云"即其所至，而益究夫问学之无穷"，

① 《张栻集》卷三二，第 1253—1259 页。
② 束景南:《朱熹年谱长编》(增订本)，第 517 页。
③ 《张栻集》卷三〇，第 1221 页。

则可见向上更尽有事，意味似长也，不知如何？（《张栻集》卷二○）

【系年】

此信或在淳熙元年（1174）。信中"即其所至，而益究夫问学之无穷"一句，又见于张栻所作《建宁府学游胡二公祠堂记》，而此记文中云："盖隆兴癸未，知府事陈侯正同始祠游公于东庑之北端；后六年，转运副使任侯文荐、判官芮侯烨又以邦人之请命祠胡公，且徙游公之祠为东西室于堂上，未毕而皆去。又五年，今转运副使沈侯枢始因其绪而卒成之，而教授王定方遂以书来属某为记。"[1] 隆兴癸未即隆兴元年（1163），论者多由累年相加，推断张栻受邀作此记文当在淳熙元年，而此信也当在同时。

【疏证】

"《固陵录》"。此录为李季允所编。[2]

"游公"。即程门高弟游酢。

"建祠作记"。即张栻为游酢、胡安国祠堂所作记文《建宁府学游胡二公祠堂记》，今存记文中此句作"退而考其言行，以沂其师友之渊源，即其所至，而益究夫问学之无穷，则圣贤之门墙，庶几其可循而入矣"。[3]

---

[1] 《张栻集》卷一一，第923—924页。任仁仁、顾宏义编撰：《张栻师友门人往还书札汇编》，第296页；杨世文：《张栻朱熹书信编年考证》，第195页。

[2] 《建炎以来朝野杂记》乙集卷九，第653页。

[3] 《张栻集》卷一一，第925页。

S42（某黾勉南来）

　　某黾勉南来，视事踰旬矣。广右比之它路最为广莫，而雕瘵则最甚。蛮落睢盱，边备寡弱，日夜关虑，固当以安静为本，然要须在我有隐然之势，则安静之实乃可保。方考究料理，不敢苟目前也。远方法度废弛，惟以身率之，立信明义，庶几万一。诸路土丁，祖宗良法，今虚籍虽存，而其实都亡。方寻绎旧规，若此事有绪，庶几边防差壮。诚之已来，未到也。南来朋旧阔远，殊重离索之叹。偶府中遣人买茶，略附此纸，少定，专人去相看。共父想已到建康，责任甚重，临行，亦略献区区也。（《张栻集》卷二二）

【系年】

　　此信当在淳熙二年（1175）三月。此信系年学者无有疑义，起首"某黾勉南来"一句，所指即是1174年淳熙改元，宋孝宗诏张栻知静江府、经略安抚广南西路。据张栻《与曾节夫抚干》第一书中所言，淳熙二年二月二十四日张栻抵达桂林，此信所言"视事踰旬"可知当在三月。① 此信可与张栻《与曾节夫抚干》诸书合观，大体可知张栻南下任职施政之梗概。

【疏证】

"方寻绎旧规，若此事有绪，庶几边防差壮。"张栻在《与曾节夫抚干（某二十四日到郡）》等信中提及静江府政事，以为财赋固难而边备尤难，所谓此事有绪，或指其后在静江府所推行的保伍法。②

"诚之"。即游九言，游九言往来朱张门下问学，而据 S44 中张栻有"游诚之官期到"语，此番游九言当是往静江府任职，所以张栻在此信中向朱熹提及。

"共父想已到建康"。此指淳熙二年正月，刘珙除知建康府、江南东路安抚使，兼行宫留守。③ 张栻在《再祭刘枢密》一文中，曾提及此年之春他与刘珙南北分途而成永诀，"乙未之春，我车入南，公往江濆，眷焉不舍，语何谆谆，岂期一阔，而隔死生"。④

S45（某黾勉所职）

某黾勉所职，无补是惧。目前幸岁稔盗息，人情相

① 《张栻集》卷二八，第 1189 页。
② 《张栻集》卷二八，第 1189 页、1193 页。
③ 《朱文公文集》卷九四，《朱子全书》（修订本）第 25 册，第 4345 页。
④ 《张栻集》卷四三，第 1417 页。

安，但环视一路，可为寒心者多，亦切考究，以其大者控陈矣。伯恭相聚，计讲论彼此之益甚多，恨不得从容于中也。寄示学者讲论一纸，所论"万物皆备"一段，意亦近里。大抵不能反身则自不与己相干，它人饱食，何与己事？反身而至于诚，则乐莫大矣。诚则实能有之也。又论未感时四端混为一理，却有未安。未感时虽是浑然，而所谓四端之理固已具于中，及其感则形见也。圣智巧力，某后来改旧说颇详，续录呈。武氏事诚有难处，维州之说，正是鄙心，尚有少曲折，后便并尽。"久假不归"，当从晦叔。韩、曾用财之说，甚善甚善！某此间应接宾客民事，通近两时，又将两时退而考究，绅绎访问。此外尚得读书余暇，有可见教，不惜示及。（《张栻集》卷二三）

【系年】

此信当在淳熙二年（1175）四月后。信中所言"环视一路"，可知当在静江府任职时，而"伯恭相聚"当指淳熙二年四月吕祖谦入闽于朱熹所在寒泉精舍论学一事。任仁仁、顾宏义由此推断此信当在稍后的五六月间，杨世文以为信中"两时"即两季，因此将此信系于张栻赴任六个月后，即八月。①

【疏证】

"伯恭相聚"。此指朱熹、吕祖谦寒泉之会。淳熙二年吕祖谦

---

① 任仁仁、顾宏义编撰：《张栻师友门人往还书札汇编》，第300页；杨世文：《张栻朱熹书信编年考证》，第212页。

先入闽与朱熹论学，共同编定《近思录》，其后又与朱熹一并前往鹅湖，与陆九渊兄弟论学。此在其时当为理学家共同体内部一大事件，张栻虽未赴会，但也多有了解。

"寄示学者讲论一纸"。此处所指难以详考，但下文所言"又论未感时四端混为一理，却有未安"，似延续朱熹在《答胡广仲（熹承谕向来为学之病）》信中"七疑"而来。① 既论未发已发，则需要讨论未发之时"浑然天理"是何种"浑然"之法。此处张栻的反对或有两解，其一是反对另有一种未发的四端，即凡言四端即只能是已发，而四端未发即是仁义礼智；其二是以为仁义礼智在未发时，不宜简单说"混为一理"，而应留意仁义礼智之别。未发时如何"浑然"，朱熹似颇晚方有定论，在晚年《答林德久（《殿记》正以病思昏塞）》信中，朱熹依旧认为"此处极难言"，"须知性之为体，不离此四者，而四者又非有形象方所可摸可攘也，但于浑然一理之中，识得个意思情状，似有界限，而实亦非有墙壁遮栏分别处也"。②

"武氏事诚有难处，维州之说"。即 S32、Z27 信中，朱熹与张栻所论唐代史事。乾道八年（1172），张栻给朱熹寄去胡寅《读史管见》，并在此后数年间多次与朱熹讨论《通鉴纲目》编纂。所谓武氏事，即 S32 所言"胡致堂所论五王不诛武后事"。维州之说，即大唐、吐蕃维州之争。③

---

① 《朱文公文集》卷四二，《朱子全书》（修订本）第 22 册，第 1901 页。
② 《朱文公文集》卷六一，《朱子全书》（修订本）第 23 册，第 2935 页。
③ 赵金刚：《义利之际：道德原则与历史判断——以唐代维州事的评判为例》，《哲学研究》2022 年第 9 期，第 77—85 页。

S43（某守藩倏八阅朔矣）

某守藩倏八阅朔矣，佩圣人"心诚求之"之训，味"哀矜勿喜"之言，日夜黾勉悚惕之不暇。所幸纲纪粗定，人情颇相信，向又岁事极稔，盗贼屏戢，目前侥幸无它。而环视一路，可寒心事极多。边备兵政，亦随力葺理。保甲一事，亦颇有条理。惟是自静江之外，诸郡岁计阙匮异常，甚至官吏乏俸，军兵乏粮，此亦何以为郡，坐视民愈困。比有请愿与宪漕共考究一路财赋底里，通融均济之计，幸蒙赐可，才此详讲熟虑，庶几有以少宽。然其间曲折亦多，又不敢欲速也。学校略与整修，士子中亦有好资质，时呼一二来郡斋，与之讲论，庶知向方。三先生祠某撰有小记，纳去。凡此不敢不尽区区耳。官寮其初颇有拘束之叹，盖习于放纵已久，今却极相安，有乐趋事之意。其间亦有数人悫实可委，其余随力使得自展。有不率者，先之以训督，不悛而后加以法，迩来觉得敛缩者多也。此路向来盗贼之多，正缘配隶之人萃焉，例皆逃逸为害，比严首捕之科，明其赏罚，接踵而至，几无日无之，收其强壮以为效用，故少戢也。然广中之人亦自多犯法徒流，常有刑不足以胜奸宄，使人愧惧。恐兄见念，欲知其详，故缕缕及之。静江气象开廓，风气疏通。觉得无瘴疠寒暄之候，殊不异湘中。环城诸山奇变，柳子厚所谓"拔地峭坚，林立四野"，此语足以尽其大概。近观水东诸岩，空明宽敞，惟龙隐最为胜绝。盖在小溪之滨，水贯其中，深窈停泓，以舟入焉，石色特青润，嶙峻变怪，殊可喜也。某日间亦得暇读书，但觉向来语言多所未安，尤不敢轻易立辞。《中庸》末章自"衣锦尚䌹"而下，反复引诗，明慎独始终之道，区区朝夕惟从事于此，而未之有进也。诚之在此，极得其助，近亦得暇读《中庸章句》。晦叔许一来，已遣人取之，旦夕可到，相与讲磨，庶少慰离索也。共父处人回得书，请祠之意甚浓，闻所施为大抵类长沙。长沙之人，今岁缘茶贼之扰害，人甚思之。但某前书劝渠谦虚，使人得以自尽，人才大小皆有用处，而报书谓"到江上尤不见有人才"，某实惧此语。天下事岂独智力能办？通都会邑，岂无可器使者？恐吾恃聪明以忽之，彼无以自见耳。若当大任，恐有所妨。方欲作书述此意，亦望兄自以己意开广之。今日达官如是公，诚亦不易得，望之深耳。伯恭今次讲论如何？得渠书，云兄犹有伤急不容耐处，某又恐伯恭却有太容耐处。然吾曹气习之偏，乘间发见，诚难消化，想兄存养有道，如某病痛，多兢兢之不遑，正有望时加砭剂也。陆子寿兄弟如何？肯相听否？子澄长进否？择之亦久不闻问矣。无咎昨寄所编《祭仪》及《吕氏乡约》来，甚有益于风教。但《乡约》细思之，若在乡里，愿入约者只得纳之，难于拣择。若不择，而或有甚败度者，则又害事；择之，则便生议论，难于持久。兼所谓罚者可行否，更须详论。精处若闲居行得，诚善俗之方也。贺州有林君勋《本政书》，想亦须见，谩附一本，其间固多未尽，然其人一生用工于此，其说亦着本可贵。此外又于其家求得数书，有论屯田项目亦甚有工。才抄录，续当奉寄。此公所至有惠政，乃是广中人才之卓然者，殊惜其不得施用也。所欲言甚多，未易殚究，余见别纸。(《张栻集》卷二二)

【系年】

此信当在淳熙二年（1175）十月。今学者多就信中"某守藩倏八阅朔矣"而推断此信在张栻抵达静江府八个月后。[①] 而《张栻年谱》则将此信系于二年七月。[②] 信中论及静江府政事，可与张栻《寄刘共父枢密（某效职于此)》合观。

【疏证】

"某守藩倏八阅朔矣，佩圣人'心诚求之'之训，味'哀矜勿喜'之言，日夜黾勉悚惕之不暇。"此即张栻《寄刘共父枢密（某效职于此)》信中所言："某效职于此，亦以十阅弦晦，佩'心诚求之'之训，味'哀矜勿喜'之言，怵惕黾勉，幸而未得罪于斯民。"[③]

"三先生祠某撰有小记"。淳熙二年六月，静江府学于明伦堂之旁立周敦颐、程颢、程颐祠，张栻亦作《三先生祠记》以表彰理学道统。[④]

---

① 任仁仁、顾宏义编撰：《张栻师友门人往还书札汇编》，第 301 页；杨世文：《张栻朱熹书信编年考证》，第 211 页。
② 王开琸、胡宗楙、高畑常信著，邓洪波辑校：《张栻年谱》，第 20 页、79 页。
③ 《张栻集》卷一九，第 1043 页。
④ 《张栻集》卷一〇，第 917—918 页。

"长沙之人，今岁缘茶贼之扰害，人甚思之。"杨世文以为"茶贼之扰害"指次年赖文政率茶商于湖北起事。[1] 刘珙曾于湘中平叛，所以长沙之人甚思其政。

"报书谓'到江上尤不见有人才'"。此事张栻在《寄刘共父枢密（某辄有愚见）》中论之甚详："前领钧翰，其间有云'自到江上，未见人才'。某窃以为人才在今日诚难得其备，然而舍短取长，随才而用，则恐所至亦不容无，而况通都大府乎？甘苦燥冷，惟良医所择；又负偃植，惟大匠所施。伏惟钧慈洪取人之方，酌采葑菲之义，庶几片善寸长，尽归抡选。又惟枢密高明杰出之资，人之有长，固未易进于前，傥非虚心降己，不忽隐微，恳恻敦笃以招来之，则非惟抱实能者有所不能尽察，而怀高见者彼亦乌肯自售哉？某之区区，以为天下事要须众力共济，乃可有成。"[2]

"陆子寿兄弟如何？肯相听否？"朱陆鹅湖之会时，吕祖谦的态度或稍偏向于调和两家，而张栻的立场则与朱熹更为接近，对陆学颇为警惕。其后在 S30 中，张栻亦云"若临川其说方炽，此尤可虑者"。

Z28（熹穷居如昨）

熹穷居如昨，无足言者。但远去师友之益，兀兀度日，读书反己，固不无警省处，终是旁无强辅，因循泪

---

① 杨世文：《张栻朱熹书信编年考证》，第 210 页。
② 《张栻集》卷一九，第 1047 页。

没，寻复失之。近日一种向外走作，心悦之而不能自已者，皆准止酒例，戒而绝之，似觉省事。此前辈所谓下士晚闻道，聊以拙自修者，若充扩不已，补复前非，庶其有日。

旧读《中庸》"慎独"、《大学》"诚意""毋自欺"处，常苦求之太过，措词烦猥，近日乃觉其非，此正是最切近处，最分明处，乃舍之而谈空于冥漠之间，其亦误矣。方窃以此意痛自检勒，懔然度日，惟恐有怠而失之也。至于文字之间，亦觉向来病痛不少，盖平日解经最为守章句者，然亦多是推衍文义，自做一片文字，非惟屋下架屋，说得意味淡薄，且是使人看者，将注与经作两项功夫做了，下稍看得支离，至于本旨，全不相照。以此方知汉儒可谓善说经者，不过只说训诂，使人以此训诂玩索经文，训诂、经文不相离异，只做一道看了，直是意味深长也。《中庸》《大学》章句，缘此略修一过，再录上呈，然觉其间更有合删处。《论语》亦如此，草定一本，未暇脱稿。《孟子》则方欲为之，而日力未及也。

近又读《易》，见一意思，圣人作《易》，本是使人卜筮以决所行之可否，而因之以教人为善，如严君平所谓"与人子言依于孝，与人臣言依于忠"者。故卦爻之辞只是因依象类，虚设于此，以待扣而决者，使以所值之辞决所疑之事，似若假之神明，而亦必有是理而后有是辞，但理无不正，故其丁宁告戒之词皆依于正。天下之动，所以正夫一而不缪于所之也。以此意读之，似觉卦、爻、十翼指意通畅，但文意字义犹时有窒碍，盖亦合纯作义理说者，所以强通而不觉其碍者也。今亦录首篇二卦拜呈，此说乍闻之必未以为然，然且置之，勿以示人，时时虚心略赐省阅，久之或信其不妄耳。

　　伤急不容耐之病，固亦自知其然，深以为苦而未能革。若得伯恭朝夕相处，当得减损，但地远，不能数见为恨耳。此间朋友绝少进益者。择之久不相见，觉得病痛日深，顷与伯恭相聚，亦深叹今日学者可大受者殊少也，奈何！奈何！子寿兄弟气象甚好，其病却是尽废讲学而专务践履，却于践履之中要人提撕省察，悟得本心，此为病之大者。要其操持谨质，表里不二，实有以过人者。惜乎其自信太过，规模窄狭，不复取人之善，将流于异学而不自知耳。《乡约》之书，偶家有藏本，且欲流行，其实恐亦难行，如所谕也。然使读者见之，因前辈所以教人善俗者而知自修之目，亦庶乎其小补耳。（《朱文公文集》卷三一）

【系年】

　　此信当系于淳熙二年（1175）年底。《朱子文集》宋刊闽本原注"十二月"，浙本原注"十一月"，陈来以为原注十二月或有误。① 信中所言"伤急不容耐之病，固亦自知其然"，知当承 S43 而来。

------

① 《朱文公文集》卷三一，《朱子全书》（修订本）第 21 册，第 1349 页、1385 页；陈来：《朱子书信编年考证》（增订本），第 136 页。

【疏证】

"至于文字之间，亦觉向来病痛不少。"此数年间，乃是朱熹中年著述较多的时期，因此朱熹亦对此有所反省，甚至下文亦承认自己所作文字难免"支离"之病。但这并不意味着朱熹在工夫上的转向。数年后，朱熹亦曾去信陆九渊，自陈"病中绝学损书，却觉得身心收管，似有少进处，向来泛滥，真是不济事"，被陆门视为朱熹弃旧说从陆学的证据之一，实则并不足为据。①

"圣人作《易》，本是使人卜筮以决所行之可否。"此即朱熹后来成熟的"《易》本卜筮之书"之论，朱熹所作《周易本义》，"本义"二字所指亦在于此。

"子寿兄弟气象甚好，其病却是尽废讲学而专务践履，却于践履之中要人提撕省察，悟得本心，此为病之大者。"朱陆鹅湖之会后，朱熹对陆九渊的评价，学者多有不同看法。若依朱熹后学所编撰《朱子语类》卷一二四"陆氏"所呈现的朱熹对于陆九渊的评价，则较为负面；若依陆门弟子所编撰的《陆九渊年谱》中朱熹的表述，则朱熹在返家自省后对陆学多有肯定。实则朱陆后学两种看法都较为偏颇，其时较为符合实情的朱熹对陆学的观感，或许可从朱熹致张栻此信中了解梗概。

S30（晦叔留此旬余）

晦叔留此旬余，备详动止，继而游掾来，亦能道近

---

① 《陆九渊集》卷三六，第494页。

况，欣释为多。见前后与诸人论操舍出入之说，剖析极子细，最后答游掾之语尤完。吕子约虽知圣人此四句正是论心，然未能明别其间始终真妄邪正之所归，故遂指其乍存乍亡为感用，此其差亦不小，来示似未以此告之耳。近因游掾来，理会出入字，有答之之语，录呈，未知尊意何如。"易与天地准"章，后来愚意亦近是，然不如来说之详明，更不写去。

　　近来士人虽亦有渐向里者，然往往为邪说引取，大抵是不肯于钝迟处下工，要求快便，故差错耳。蕲州之说浅陋，不足动人，自是伯谦天资低所致。若临川其说方炽，此尤可虑者。吾曹惟当务勉其在己者，若立得无一毫渗漏，则自是孚信，有非口舌所能遽挽回也。伯恭已造朝，两得书，闻上聪明，肯容直言，但阴盛阳微，未见复亨之象耳，奈何奈何！（《张栻集》卷二一）

【系年】

此信当系于淳熙三年（1176）年底。信中"伯恭已造朝"一句，论者皆认为指吕祖谦于淳熙三年十月二十九日赴临安任秘书省秘书郎兼国史院编修官、实录院检讨官，十一月五日供职，此信当稍晚于此时。不过论者或以为在淳熙三年底，或以为在淳熙四年初。①

---

①　任仁仁、顾宏义编撰：《张栻师友门人往还书札汇编》，第314页；杨世文：《张栻朱熹书信编年考证》，第206页。

杨世文以为此信前后两段或为两通书信，后者当在淳熙三年底，前者所论多与淳熙元年心说之辩有关，或在淳熙元年十月。此说可商榷。信中"继而游掾来"，当指游九言赴任静江府，得以与张栻切磋论学之时。张栻赴静江府后多提及游九言赴任一事，亦可为佐证。

【疏证】

"最后答游掾之语尤完"。此为心说之辩的余音，大约张栻赴静江府后，朱熹又将此前与友人门生讨论此议题相关文字抄寄张栻，而所谓"最后答游掾之语尤完"，所指即是可代表朱熹心说定见的《答游诚之（心体故本静）》一书。①

"近因游掾来，理会出入字，有答之之语。"朱熹此前曾将《答游诚之（心体故本静）》抄寄张栻，而此时游九言正同在静江府任职，因此张栻亦得以与游本人讨论此议题。所谓"答之之语"，或指张栻《答游诚之（"出入"二字）》一书，其要亦是认为心本无出入，所谓出入是操舍之形容："盖操之便在此，舍之则不见，因操舍故有出入之云耳……至于是心之存，物来顺应，理在于此，又岂得谓之出乎？"② 张栻另有《答游诚之（明道先生曰）》亦论及心说之辩。③ 二书所论与 S1 表述、义理，基本一致。

"蕲州之说"。《宋元学案》以为"蕲州谓李周翰"，李周翰作《原说》一书，有禅门倾向，其时朱熹门人李伯谏为蕲州州学教

---

① 《朱文公文集》卷四五，《朱子全书》（修订本）第 22 册，第 2062 页。
② 《张栻集》卷二六，第 1163 页。
③ 《张栻集》卷三二，第 1257—1258 页。

授，张栻担心李伯谏为其所惑。①

Z33（诸谕一一具悉）

诸谕一一具悉。比来同志虽不为无人，然更事既多，殊觉此道之孤，无可告语，居常郁郁。但每奉教谕，辄为心开目明耳。子澄所引马、范出处，渠辈正坐立志不强，而闻见驳杂，胸中似此等草木太多，每得一事可借以自便，即遂据之以为定论，所以缓急不得力耳。近来尤觉接引学者大是难事，盖不博则孤陋而无征，欲其博则又有此等驳杂之患。况其才质又有高下，皆非可以一格而例告之，自非在我者充足有余而又深识几会，亦何易当此责耶？

周君恨未之识。大率学者须更令广读经史，乃有可据之地，然又非先识得一个义理蹊径，则亦不能读，正惟此处为难耳。

建康连得书，规模只如旧日。前日与之书，有两语云："忧劳恻怛虽尽于鳏寡孤独之情，而未有以为本根长久之计；功勋名誉虽播于儿童走卒之口，而未有以喻乎贤士大夫之心。"此语颇似著题，未知渠以为如何？然亦只说得到此，过此尤难言也。寻常戏谓佛氏有所谓"大心

① 黄宗羲著，吴光点校：《宋元学案》卷六九，沈善洪主编：《黄宗羲全集》（增订版）第 5 册，第 796 页；杨世文：《张栻朱熹书信编年考证》，第 206 页。

众生"者,今世绝未之见,凡今之人,营私自便,得少为足,种种病痛,正坐心不大耳。

子重语前书已及之,所言虽未快,然比来众人已皆出其下矣。交战杂好之说,诚为切至之论,吾辈所当朝夕自点检也。诚之久不得书,如彼才质,诚欠追琢之功,恨相去远,无所效力也。陈唐弼者,旧十余年前闻其为人,每恨未之识。此等人亦可惜沉埋远郡,计其年当不下五六十矣。吴儆者,闻对语亦能不苟,不易,不易。此等人材与温良博雅之士,世间不患无之,所恨未见。前所谓"大心众生"者,莫能总其所长而用之耳。

寄示书籍石刻,感感。近作《濂溪书堂记》曾见之否?谩内一本。发明天命之意,粗为有功,但恨未及。所谓"不谓命"者,阙却下一截意思耳。此亦是玩理不熟,故临时收拾不上,如此非小病,可惧也。《学记》刻就,幸早寄及,只作两石,不太大否?《近思》举业三段及横渠语一段并录呈,幸付彼中旧官属正之,或更得数字,说破增添之意尤佳。盖闻、浙本流行已广,恐见者疑其不同,兼又可见长者留意此书之意,尤学者之幸也。《中庸章句》只如旧本,已如所戒矣,近更看得数处稳实,尤觉日前功夫未免好高之弊也。《通鉴纲目》近再修至汉晋间,条例稍举,今亦谩录数项上呈。但近年衰悴目昏,灯下全看小字不得,甚欲及早修纂成书,而多事分夺,无力誊写,未知何时可得脱稿求教耳。(《朱文公文集》卷三二)

【系年】

此信当系于淳熙五年（1178），承 S52 而来。S52 起首云"某新岁来"，新岁所指当即淳熙五年。杨世文以为 Z33 即朱熹答吕祖谦信中所言"初夏问书"，如此则此信可系于初夏。① 亦有论者因信中提及朱熹淳熙四年所作《江州重建濂溪先生书堂记》，将此信系于淳熙四年。②

淳熙二年张栻赴任静江府后，此后数年，从今存朱熹、张栻文集来看，张栻致朱熹书信依旧较为频繁，而所存朱熹致张栻书信则寥寥无几，不知何故。此信或为今存朱熹致张栻最后一书。

【疏证】

"子澄所引马、范出处"。"子澄"即刘清之。所谓"马、范出处"有两说，其一以为司马光、范镇；其二以为虽难确指，但因此书乃承 S52 而来，而 S52 中提及范祖禹避世金马，疑与此有关。③

"周君恨未之识"。"周君"即张栻门人周奭。S52 中，张栻向朱熹推荐周奭："湘中士人有周奭者，旧尝相从，近来此相访，颇觉长进，似是后来可望者，盖天资元来刚介，今却肯作工夫耳，以母老不得久留，今归矣。"

"建康连得书"。"建康"即指刘珙，刘珙于淳熙二年除知建康府、江南东路安抚使、行宫留守，至五年七月病逝于任上。

---

① 杨世文：《张栻朱熹书信编年考证》，第 214 页。
② 陈来：《朱子书信编年考证》（增订本），第 153 页。
③ 《朱子大全劄疑辑补》卷三二；垣内景子：「『朱子文集』訳註（九）」，第 35 页。

"子重语前书已及之，所言虽未快，然比来众人已皆出其下矣。""子重"即石子重。S52 中张栻向朱熹询问"石子重之对如何？后来有何学子及人才中有可见语者？"朱熹在此信中就此回复。

"交战杂好之说"。此即 S52 所言"义利交战，卒为利所夺；君子小人相好，卒为小人所汩，盖亦理势之必然"，此是张栻因龚茂良闲中读书或溺于释氏而发。

"《濂溪书堂记》"。即朱熹淳熙四年所作《江州重建濂溪先生书堂记》。

参考文献

古籍：

程颢、程颐著，王孝鱼点校：《二程集》，中华书局，2004年。

洪迈撰，孔凡礼点校：《容斋随笔》，中华书局，2005年。

胡宏著，吴仁华点校：《胡宏集》，中华书局，1987年。

胡寅著，尹文汉点校：《斐然集》，岳麓书社，2009年。

胡寅著，刘依平校点：《读史管见》，岳麓书社，2011年。

黄宗羲著，吴光点校：《宋元学案》，沈善洪主编：《黄宗羲全集》（增订版），浙江古籍出版社，2005年。

金迈淳：《朱子大全劄疑问目标补》，"奎章阁资料丛书·儒学编"，首尔大学奎章阁韩国学研究院，2018年。

孔学辑校：《皇宋中兴两朝圣政》，中华书局，2019年。

李恒老：《朱子大全劄疑辑补》，中文出版社，1985年。

李滉：《朱子书节要记疑》，"奎章阁资料丛书·儒学编"，首尔大学奎章阁韩国学研究院，2004年。

黎靖德编，王星贤点校：《朱子语类》，中华书局，1994年。

李心传撰，徐规点校：《建炎以来朝野杂记》，中华书局，2000年。

刘因撰：《四书集义精要》，元至顺元年本，台北故宫博物院。

刘宗周撰，吴光主编：《刘宗周全集》，浙江古籍出版社，2007 年。

陆九渊著，钟哲点校：《陆九渊集》，中华书局，1980 年。

吕祖谦撰，黄灵庚、吴战垒主编：《吕祖谦全集》，浙江古籍出版社，2008 年。

罗钦顺著，阎韬点校：《困知记》，中华书局，2013 年。

茅星来著，朱幼文校点：《近思录集注》，华东师范大学出版社，2015 年。

任仁仁、顾宏义编撰：《张栻师友门人往还书札汇编》，中华书局，2018 年。

宋时烈：《朱子大全劄疑》，《宋子别集丛刊》，保景文化社，2008 年。

滕珙编：《经济文衡》，影印文渊阁《四库全书》本，上海古籍出版社，2009 年。

脱脱等撰，中华书局编辑部点校：《宋史》，中华书局，1985 年。

王夫之著，王孝鱼点校：《读四书大全说》，中华书局，1975 年

王懋竑撰，何忠礼点校：《朱熹年谱》，中华书局，1998 年。

汪圣铎点校：《宋史全文》，中华书局，2016 年。

魏了翁撰，张全明校点：《鹤山先生大全集》，《儒藏》（精华编）第 243 册，北京大学出版社，2022 年。

徐自明撰，王瑞来校补：《宋宰辅编年录校补》，中华书局，1986 年。

杨时撰，林海权整理：《杨时集》，中华书局，2018 年。

佚名撰，燕永成点校：《中兴两朝编年纲目》，凤凰出版社，

2018 年。

曾枣庄、刘琳主编：《全宋文》，上海辞书出版社、安徽教育出版社，2006 年。

张栻著，杨世文点校：《张栻集》，中华书局，2015 年。

张载著，章锡琛点校：《张载集》，中华书局，1978 年。

赵永春辑注：《奉使辽金行程录》（增订本），商务印书馆，2017 年。

真德秀撰，王传龙校点：《西山先生真文忠公读书记》，《儒藏》（精华编）第 191 册，北京大学出版社，2022 年。

朱熹撰：《四书章句集注》，中华书局，1983 年。

朱熹著，郭齐、尹波编注：《朱熹文集编年评注》，福建人民出版社，2019 年。

朱熹撰，朱杰人、严佐之、刘永翔主编：《朱子全书》（修订本），上海古籍出版社、安徽教育出版社，2010 年。

朱熹撰，朱杰人、严佐之、刘永翔主编：《朱子全书外编》，华东师范大学出版社，2010 年。

朱熹撰，吾妻重二汇校：《朱子家礼宋本汇校》，上海古籍出版社，2020 年。

研究文献：

蔡仁厚：《宋明理学·南宋篇》，台湾学生书局，1983 年。

陈来：《朱子哲学研究》，华东师范大学出版社，2000 年。

陈来：《朱子书信编年考证》（增订本），生活·读书·新知三联书店，2007 年。

陈来:《宋明儒学论》,复旦大学出版社,2010 年。

陈来:《仁学本体论》,生活·读书·新知三联书店,2014 年。

陈荣捷:《朱学论集》,台湾学生书局,1982 年。

陈荣捷:《朱子门人》,华东师范大学出版社,2007 年。

冯茜:《唐宋之际礼学思想的转型》,生活·读书·新知三联书店,2020 年。

洪明超:《朱子"人自有生"四书年代考——兼论中和旧说的思想演变》,《宋代文化研究》2020 年第 1 期。

黄宽重:《南宋地方武力——地方军与民间自卫武力的探讨》,国家图书馆出版社,2009 年。

赖尚清:《朱子与张栻"〈仁说〉之辩"书信序次详考》,《厦门大学学报(哲学社会科学版)》2014 年第 4 期。

刘述先:《朱子哲学思想的发展与完成》,吉林出版集团有限责任公司,2015 年。

刘依平:《朱熹〈祭礼〉纂修经过与内容辑考》,《宗教学研究》2021 年第 2 期。

牟宗三:《心体与性体》,上海古籍出版社,1999 年。

皮锡瑞撰,张金平校注:《经学通论校注》,中国社会科学院出版社,2019 年。

钱穆:《朱子新学案》,九州出版社,2011 年。

市川安司:『朱子哲學論考』,汲古书院,1985 年。

束景南:《朱熹:"性"的救赎之路》,复旦大学出版社,2021 年。

束景南:《朱熹年谱长编》(增订本),华东师范大学出版社,2014 年。

苏铉盛：《朱子与张南轩的仁说论辨》，《湖南大学学报（社会科学版)》2012 年第 6 期。

唐纪宇：《程颐〈周易程氏传〉研究》，人民出版社，2016 年。

王开琸、胡宗楙、高畑常信著，邓洪波辑校：《张栻年谱》，科学出版社，2017 年。

许家星：《朱子、张栻"仁说"辨析》，《中国哲学史》2011 年第 4 期。

杨世文：《张栻朱熹书信编年考证》，蔡方鹿主编：《张栻与理学》，人民出版社，2015 年。

杨逸：《宋代四礼研究》，浙江大学出版社，2021 年。

殷慧：《礼理双彰：朱熹礼学思想探微》，中华书局，2019 年。

垣内景子：「『朱子文集』訳註（一）」，アジアの文化と思想の会『論叢・アジアの文化と思想』第 2 辑，1993 年。

「『朱子文集』訳註（二）」，『論叢・アジアの文化と思想』第 3 辑，1994 年。

「『朱子文集』訳註（三）」，『論叢・アジアの文化と思想』第 4 辑，1995 年。

「『朱子文集』訳註（四）」，『論叢・アジアの文化と思想』第 5 辑，1996 年。

「『朱子文集』訳註（五）」，『論叢・アジアの文化と思想』第 7 辑，1999 年。

「『朱子文集』訳註（六）」，『論叢・アジアの文化と思想』第 8 辑，1999 年。

「『朱子文集』訳註（七）」，『論叢・アジアの文化と思想』

第 9 辑，2000 年。

「『朱子文集』訳註（八）」，『論叢・アジアの文化と思想』第 10 辑，2001 年。

「『朱子文集』訳註（九）」，『論叢・アジアの文化と思想』第 11 辑，2002 年。

「『朱子文集』訳註（十）」，『論叢・アジアの文化と思想』第 12 辑，2003 年。

「『朱子文集』訳註（十一）」，『論叢・アジアの文化と思想』第 13 辑，2004 年。

赵金刚：《义利之际：道德原则与历史判断——以唐代维州事的评判为例》，《哲学研究》2022 年第 9 期。

郑嘉励：《读墓》，浙江人民出版社，2022 年。